SOBRE GRAÇA, DIGNIDADE E BELEZA
EM FRIEDRICH SCHILLER E HEINRICH VON KLEIST

SOBRE GRAÇA, DIGNIDADE E BELEZA
EM FRIEDRICH SCHILLER E HEINRICH VON KLEIST

Carina Zanelato Silva

© Relicário Edições
© Carina Zanelato Silva

CIP –Brasil Catalogação-na-Fonte | Sindicato Nacional dos Editores de Livro, RJ

S586s

Silva, Carina Zanelato
Sobre graça, dignidade e beleza em Friedrich Schiller e Heinrich Von Kleist / Carina Zanelato Silva. – Belo Horizonte, MG : Relicário, 2018.

220 p. ; 14cm x 21cm.

Inclui bibliografia e índice.

ISBN: 978-85-66786-75-0

1. Literatura alemã. 2. Schiller, Friedrich. 3. Von Kleist, Heinrich. I. Título.
2018-935

CDD 830
CDU 821.112.2

ABRALIC
(Associação Brasileira de Literatura Comparada) | 2016-2017

João Cezar de Castro Rocha (UERJ) – Presidente
Maria Elizabeth Chaves de Mello (UFF) – Vice-Presidente
Elena C. Palmero González (UFRJ) – Primeira Secretária
Alexandre Montaury (PUC-Rio) – Segundo Secretário
Marcus Vinicius Nogueira Soares (UERJ) – Primeiro Tesoureiro
Johannes Kretschmer – Segundo Tesoureiro (UFF)

Prêmio Dirce Côrtes Riedel – Dissertação de Mestrado
Prof. Dr. Ivo Biasio Barbieri (UERJ)– Presidente da Comissão Avaliadora
Profa. Dra. Ieda Maria Magri (UERJ)
Prof. Dr. Renato Casimiro Lopes (UERJ)

RELICÁRIO EDIÇÕES
COORDENAÇÃO EDITORIAL Maíra Nassif Passos
PROJETO GRÁFICO & DIAGRAMAÇÃO Ana C. Bahia
REVISÃO Lucas Morais

Rua Machado, 155, casa 2, Colégio Batista | Belo Horizonte, MG, 31110-080
relicarioedicoes.com | contato@relicarioedicoes.com

INTRODUÇÃO 13

CAPÍTULO 1
***KUNSTPERIODE*:**
ANTECEDENTES LITERÁRIOS E FILOSÓFICOS DE FRIEDRICH SCHILLER E HEINRICH VON KLEIST 19
1.1 Breve panorama sobre o *Kunstperiode*. Os inícios: *Aufklärung* e *Sturm und Drang* 19
1.2 Classicismo de Weimar 27
1.3 Romantismo 32

CAPÍTULO 2
FRIEDRICH SCHILLER E O PROJETO DE EDUCAÇÃO ESTÉTICA DO HOMEM 41
2.1 *Kallias ou sobre a beleza* e a busca de uma qualidade objetiva para o belo 44
2.2 A graça como expressão no fenômeno da harmonia entre sensibilidade e razão 58
2.3 O pensamento schilleriano e kantiano acerca da dignidade 79
2.3.1 A dignidade como expressão no fenômeno do domínio dos impulsos pela força moral 83
2.4 A Revolução Francesa e Schiller: caminhos para a educação estética do homem 88
2.5 A teoria do jogo 93
2.6 O teatro como instituição moral 101
2.7 *Die Jungfrau von Orleans:* a representação do ideal do homem clássico 112

CAPÍTULO 3
HEINRICH VON KLEIST E A BUSCA PELA GRAÇA 135
3.1 *Über das Marionettentheater*: o retorno clandestino ao paraíso perdido 151
3.2 A recriação do mito em *Penthesilea* 175
3.2.1 A representação da beleza e do grotesco em *Penthesilea* 183

CONSIDERAÇÕES FINAIS 205
REFERÊNCIAS 209

*Àqueles que tornaram esse sonho possível:
pai, mãe, Tom e André.*

AGRADECIMENTOS

Aos meus pais, Mônica e Sebastião, e ao meu irmão, Ewerton, pelo apoio e incentivo incondicional.

Ao meu marido, André, pela presença e pelo incentivo constante, que me deram a força necessária para o desenvolvimento deste livro.

À minha orientadora, Prof.ª Dr.ª Karin Volobuef, pela confiança e apoio, e, acima de tudo, pela formação acadêmica que me proporcionou nestes anos de convivência.

A todos os meus amigos que participaram direta ou indiretamente desse período e que foram peças fundamentais para essa travessia.

Ao CNPq pelo financiamento desta pesquisa.

À ABRALIC pela criação de projetos que incentivam a pesquisa científica e a educação no Brasil, como o Prêmio Dirce Côrtes Riedel, que possibilitou a publicação deste trabalho.

A liberdade que a natureza afirma mesmo nos grilhões da metrificação e da linguagem, a verdade e a vivacidade da imagem nos arrancam as seguintes palavras sobre uma tal apresentação (como a do Laocoonte): isto é terrivelmente belo.

Friedrich Schiller (2003, p. 71)

INTRODUÇÃO

Friedrich Schiller (1759-1805) e Heinrich von Kleist (1777-1811) foram contemporâneos e, de certa forma, dois dos principais expoentes do Classicismo de Weimar (1786-1805) e do Romantismo (1797-1830) alemão. Schiller, ademais, fez sua estreia literária e teatral no fluxo de uma corrente pré-romântica rebelde, o *Sturm und Drang*, que partia dos preceitos de "gênio original", inspiração e luta pela emancipação das letras nacionais (frente ao modelo francês). Com o passar dos anos, Schiller assumiu uma postura sóbria diante dessa impetuosidade e passou a desenvolver obras literárias e filosóficas que visam o estabelecimento da harmonia e que buscam atingir a liberdade por meio da moralidade. Assim, Schiller alcança a maturação de suas ideias e passa a integrar o período literário denominado Classicismo de Weimar, voltando-se para a arte baseada nos valores estéticos da Antiguidade, na harmonia, na beleza e na perfeição.

Kleist, por sua vez, segundo Anatol Rosenfeld (1968, p. 63), é um daqueles gênios da literatura que não se encaixa em nenhuma corrente literária, embora faça "parte da época romântica, tanto no seu teor anti-clássico, de forte cunho patológico – segundo a expressão de Goethe – como nos elementos dionisíacos, 'noturnos' e na terrível dissonância que fragmenta o seu mundo". Sem ser totalmente romântico, o autor se opõe aos cânones clássicos de equilíbrio, harmonia e perfeição, expandindo o melancolismo, as paixões violentas e o impulso dionisíaco a uma forte oposição ao racionalismo da filosofia de Kant. Sua dramaturgia, que, muitas vezes, busca inspiração na obra de Schiller, Goethe e Shakespeare, tende ao grotesco, desconstruindo a meta apolínea dos clássicos e traçando como destino único do homem a desgraça. Em suas obras, a descrença na ordem universal é expressa em paixões patológicas que evidenciam a solidão em que vivem seus personagens.

Jaime Paviani (2009, p. 63), em seu texto "Traços filosóficos e literários nos textos", nos diz que "Um filósofo pode empregar gêneros literários, como o romance o conto, o teatro, para expressar ideias filosóficas". A permeação entre literatura e filosofia permitiu, em Friedrich Schiller e Heinrich von Kleist, a passagem de suas ideias filosóficas para o texto literário. Em fins do século XVIII e início do século XIX, Schiller e Kleist desenvolveram importantes estudos ao serem confrontados com a filosofia idealista de Kant. Schiller, com seu estilo clássico, trouxe à Alemanha uma nova visão sobre o papel da arte na educação do homem, e, dando continuidade à obra crítica de Lessing, estabeleceu novos parâmetros para o estudo da tragédia quanto à sua importância nesse projeto pedagógico; Kleist, extremamente perturbado pelas *Críticas* de Kant, abandonou o culto iluminista à razão para exaltar exacerbadamente os sentimentos provenientes do inconsciente, do instinto. Como disse John Gassner (1974, p. 392), Kleist é o "pai não reconhecido do drama moderno", e personifica, segundo Hohoff (1977, p. 7), o escritor que caracteriza a transição da visão de mundo clássica para a modernidade, além de ter sido influência clara para o estilo seco de personagens desorientados de Franz Kafka (Brito, 2007, p. 37).

Nessa linha de permeação entre filosofia e literatura, este livro objetiva examinar as características das teorias de Friedrich Schiller e Heinrich von Kleist sobre a graça, a dignidade e a beleza, comparando-as, a fim de mostrar as divergências e as confluências destas duas concepções estéticas que foram desenvolvidas nos períodos clássico (com Schiller) e romântico (com Kleist). Aproveitando-nos também dos apontamentos feitos por Friedrich Schiller sobre a tragédia como instância que proporciona ao homem o entretenimento e a liberdade por meio de meios morais, utilizamos as obras *Penthesilea* e *Die Jungfrau von Orleans* como via de exemplificação prática de como estes autores usaram o conceito de graça, beleza e dignidade para a construção da ação de suas heroínas, caracterizando-as de acordo com seus pressupostos estéticos.

Da análise dos dois autores e dos períodos literários em questão, surgiram algumas indagações sobre as quais procuramos refletir ao longo deste livro, dentre elas: como as teorias estéticas de Schiller e de Kleist refletem as tensões existentes entre Classicismo e Romantismo? Quais são as diferenças que se estabelecem, a partir dessas tensões, entre a ideia de forma em Schiller e em Kleist? Em que essas diferenças implicam na conceituação das teorias dos dois autores sobre graça, dignidade e beleza? Como essas diferenças se apresentam na configuração das heroínas das peças *Die Jungfrau von Orleans*, de Schiller, e *Penthesilea*, de Kleist? Em relação ao sublime, quais são as formas utilizadas pelos dois autores para suscitar esse sentimento no espectador/leitor?

A partir dessas questões, dividimos o livro em três capítulos. O primeiro deles parte do contraponto entre os períodos literários Classicismo de Weimar e Romantismo[1] na Alemanha, procurando traçar um breve panorama sobre o movimento literário denominado *Kunstperiode* (Período da Arte) e aprofundando as características dos dois períodos acima mencionados, dos quais fazem parte Schiller e Kleist.

No segundo capítulo abordamos como Schiller, em sua odisseia por uma fundamentação objetiva da beleza, empreendeu um projeto que, na tentativa de ultrapassar a teoria kantiana no estabelecimento da matéria estética como disciplina filosófica autônoma, foi além da inferência subjetiva do juízo do gosto de Kant e procurou encontrar a qualidade objetiva da beleza. Schiller (2002) acredita que em todo objeto belo deve haver algo de objetivo e universal que proporcione ao contemplador a beleza, algo que o remeta à liberdade e à vontade pura que estão presentes no suprassensível. A beleza, nesse espaço, é

---

1. Dentro do período considerado romântico na Alemanha, abordaremos principalmente o primeiro Romantismo (*Frühromantik*).

caracterizada como liberdade no fenômeno,[2] pois é uma representação do suprassensível presente no sensível, na natureza, que proporciona ao homem, na contemplação – por meio da forma desse objeto –, um reflexo da imagem do infinito. Assim, em seu ensaio *Über Anmut und Würde* (*Sobre graça e dignidade*, 1793), Schiller delineia dois tipos de beleza que são possíveis de serem encontradas no homem, de forma a descrever um processo de formação que se dá pela natureza (*beleza arquitetônica*) e pela liberdade (*graça*).

A delimitação do conceito de *Anmut* por Schiller vem de um processo que teve seu marco inicial com a obra de Winckelmann *Von der Grazie in Werken der Kunst* (*Acerca da graça nas obras de arte*, 1759), que, segundo Claudia Fischer (2010, p. 195), foi a primeira obra de um autor alemão que debateu de fato o conceito sob o viés de uma "sistematização estética". Schiller, portanto, parte dessa tradição winckelmanniana que incorporou o conceito estético sobre a graça à crítica de arte. Desse modo, a graça, para Schiller, é despertada no homem quando a natureza passa a compartilhar com o espírito o domínio das forças que o movem, e, por meio do arbítrio, da liberdade de decisão, o espírito pode fazer uso dos instrumentos da natureza, que apenas pode cuidar da beleza que ela determinou no fenômeno (beleza arquitetônica). Como dela participam as categorias sensível (natureza) e formal (liberdade), a beleza proveniente da graça sustenta a possibilidade de liberdade moral do homem na medida em que garante a simultaneidade das duas leis que o regem. A progressão desse pensamento de Schiller culminou numa proposta de arte que se torna fonte de aprimoramento dos sentimentos humanos, como base para a formação do homem para a liberdade.

No terceiro capítulo mostramos que, em Kleist, a graça não resulta desse equilíbrio entre natureza e razão, e que, em Schiller, é obtido por meio educação estética do homem. Não há a superação do dualismo kantiano (dever e inclinação), e qualquer tentativa de

---

2. Schiller utiliza a conceituação kantiana sobre a ideia de *fenômeno* na *Crítica da Razão Pura*. Fenômeno, segundo Kant, é a representação que fazemos do mundo a partir da apreensão da experiência, e não da coisa-em-si.

se conciliar a razão com a natureza já está fadada ao fracasso. O *Über das Marionettentheater* (*Sobre o teatro de marionetes*, 1810) de Kleist mostra, a partir da alegoria religiosa da expulsão do homem do paraíso, que o homem perdeu sua inocência e precisa agora percorrer o mundo para alcançar a consciência total e poder chegar à porta dos fundos do paraíso, resgatando a graça que lhe promovia a plenitude. Diferentemente de Schiller, o percorrer o mundo aqui não significa um aprimoramento humano por meios educativos, mas sim uma entrega ao espírito que está muito próxima à entrega religiosa, que permita ao homem sentir e enxergar além das aparências deturpadoras do mundo.

Isso configurará uma concepção de arte que diverge em vários pontos da visão clássica de Schiller. Ao lado da beleza moral, da bela alma de Schiller, Kleist inserirá em suas obras o elemento grotesco, o que se torna evidente a partir da análise da obra *Penthesilea* (1808). Enquanto Johanna, heroína da peça de Schiller (*Die Jungfrau von Orleans*, 1801), nos precisa a figura ideal do homem clássico, e sua bela alma controla o ímpeto dos instintos e reconhece na conciliação dos impulsos sensível e racional a liberdade que só pode ser alcançada por meio do equilíbrio, Penthesilea suspende a consciência e encontra no inconsciente a força que a move. O sonambulismo que se apodera da heroína a faz perambular pelo real de forma impulsiva e intensa, confluindo a uma paixão monomaníaca, que a consome. Esse desprezo do consciente a faz praticar o ato horrendo de devorar o peito do famoso herói da Guerra de Tróia, Aquiles, como uma loba devora sua presa, numa descrição brilhante, com requintes de crueldade, que desperta no espectador um misto de sentimentos, que configuram o sentimento sublime diante da ação terrível. Enquanto Schiller nos apresenta uma heroína carregada de pureza imaculada, que busca a manutenção da harmonia, Penthesilea é, toda ela, impulso, e seus instintos são levados ao extremo, transformando sua paixão na mais grave patologia.

Dessa forma, as impetuosas heroínas são colocadas em cena para representar duas concepções de mundo que partilharam a mesma época, os mesmos centros culturais e até as mesmas fontes, mas que propuseram ideais que se tangem e se afastam em igual proporção. Schiller e Kleist estabeleceram um interessante diálogo entre suas obras e concepções filosóficas sem que com isso mostrassem uma intenção evidente. Gênios do período de ouro da literatura alemã, os dois autores consagraram o Classicismo e o Romantismo precisamente ali onde intentavam arrolar no espaço artístico suas visões peculiares do mundo. Os estudos acerca da obra de Schiller e Kleist se fazem de grande importância na medida em que percebemos que hoje, em nosso país, os dois autores são pouco estudados e as duas peças a serem analisadas (*Penthesilea* e *Die Jungfrau von Orleans*) sequer possuem tradução para o português brasileiro, abrindo caminho para uma ampliação dos interesses acadêmicos sobre a obra desses dois grandes escritores do *Kunstperiode*.

Optamos por utilizar as traduções já publicadas das obras de Friedrich Schiller *Teoria da tragédia*[3], *Sobre graça e dignidade*[4], *A educação estética do homem*[5], *Sobre poesia ingênua e sentimental*[6], a série de cartas *Kallias ou sobre a beleza*[7] e os *Fragmentos das preleções sobre estética do semestre de inverno de 1792-93*[8], coletados por Christian Friedrich Michaelis. De Heinrich von Kleist utilizamos as traduções das obras *Sobre o teatro de marionetes*[9] e *Penthesilea*[10]. As demais traduções feitas do inglês e do alemão, destes e de outros autores, quando não indicada a autoria, são de minha responsabilidade e virão citadas em notas de rodapé, enquanto o original será citado no corpo do texto.

---

3. Publicado pela E.P.U., com tradução de Anatol Rosenfeld, 1992.
4. Publicado pela editora Movimento, com tradução de Ana Resende, 2008.
5. Publicado pela editora Iluminuras, com tradução de Roberto Schwarz e Márcio Suzuki, 1990.
6. Publicado pela editora Imprensa Nacional-Casa da Moeda, com tradução de Teresa Rodrigues Cadete, 2003.
7. Publicado pela editora Jorge Zahar, com tradução de Ricardo Barbosa, 2002.
8. Publicado pela editora UFMG, com tradução de Ricardo Barbosa, 2004.
9. Publicado pela editora Acto – Instituto de Arte Dramática, com tradução de José Filipe Pereira, 1998.
10. Publicado pela editora Porto, com tradução de Rafael Gomes Filipe, 2003.

CAPÍTULO 1
KUNSTPERIODE:
ANTECEDENTES LITERÁRIOS E FILOSÓFICOS DE FRIEDRICH SCHILLER E HEINRICH VON KLEIST

O estudo da Antiguidade Clássica e os antecedentes Iluministas foram, nas obras de Friedrich Schiller e Heinrich von Kleist, de importância fundamental. Seguindo a linha de embate entre Românticos e Clássicos, os dois autores, imbuídos de ideais compartilhados em sua origem, deixam transparecer um ambiente de tensão que não apaga a permeação de uma estética na outra. A influência de Schiller, e dos clássicos em geral, em Kleist se dá pela via da desconstrução: jogando com a forma clássica, de maneira a diluí-la, Kleist transforma-a em palco para o advento do ritual dionisíaco; não mais a serenidade e harmonia de Apolo imperam, mas sim o frenesi de Dionísio, que domina e se expande de maneira extraordinária. As categorias do belo e do sublime ganham, em Schiller e em Kleist, dimensões díspares e afins que refletem as marcas deixadas pelas leituras que cada autor fez de seus contemporâneos, não sendo possível o aprofundamento de suas obras sem antes traçar um esboço que delineie os modelos a que se depararam os escritores nesse grande período de florescimento da arte alemã que se costuma designar *Kunstperiode* (Período da Arte).

1.1 Breve panorama sobre o *Kunstperiode*. Os inícios: *Aufklärung* e *Sturm und Drang*
O século XVIII foi palco de mudanças significativas nas relações do homem consigo mesmo. Emancipado da tutela religiosa, o homem se viu capaz de empregar sua razão como pilar de sustentação da

nova concepção de indivíduo e de Deus e suas relações. Mudou-se o foco de investigação para o ser humano e tudo aquilo que o move: emoções, caráter, razão. A liberdade transformou-se em figura latente nas manifestações artísticas, e literatura e filosofia ganharam destaque nessa revolução da visão de mundo. Trata-se de um momento que configurou uma nova organização de indivíduo, pautada na liberdade individual, na Era da Razão, no "déspota esclarecido", e na união do absolutismo com as ideias libertárias do Iluminismo, que mudaram o foco da doutrina teocêntrica, proveniente do modo de pensar medieval, para a investigação do homem, abrindo caminho para uma nova forma de encarar o papel do homem no mundo.

Na arte alemã, a segunda metade do século XVIII e primeira metade do século XIX acompanharam esta revolução do pensamento. Constituído de quatro grandes correntes literárias (*Aufklärung*, *Sturm und Drang*, Classicismo de Weimar e Romantismo), o *Kunstperiode* (Período da Arte), como ficou conhecido, caracteriza-se como um movimento de arte que transfigurou os valores barrocos vigentes até então e voltou todos os seus esforços para a análise do ser humano, abarcando, ora a razão, ora o sentimento como ponto supremo para se entender o indivíduo. A literatura compartilhou, nesses movimentos, traços opositivos e afins, que possuem como característica primordial a análise do eu. Nesse período, que foi de intensa efervescência cultural, surgiram nomes como Kant, Fichte, Schelling, os irmãos Schlegel, Goethe, Schiller, Kleist, dentre outros, que revolucionaram a forma de se conceber não só a literatura, mas também as relações do homem com o mundo.

Segundo Bornheim (2005, p. 78), a Reforma Protestante empreendida por Martinho Lutero provocou o isolamento da Alemanha em relação à cultura latina e os movimentos literários surgidos no século XVIII são tentativas de recuperar e assimilar a cultura europeia no país. Além desse caráter de assimilação de cultura, coloca-se em pauta a síntese e contestação de valores da Antiguidade Clássica sob a interpretação dos franceses, e o representante dessa vertente é Gotthold Ephraim Lessing (1729-1781). Lessing, opondo-se ao classicismo francês, buscou diretamente nas fontes gregas as normas em que se baseou esse classicismo e, a partir disso, possibilitou a construção de uma argumentação sólida em relação à sua oposição aos modelos franceses. Ele lutou por um teatro nacional que representasse o mundo burguês, o progresso nacional proporcionado por esse mesmo mundo, elegendo Shakespeare como verdadeiro modelo de arte original.

Assim, a primeira manifestação de arte baseada nesse esforço é a *Aufklärung* (Iluminismo). A era da razão, da virtude, do rechaço do vício e dos sentimentos exacerbados, faz emergir a mentalidade do burguês que é honrado, que tem na instituição da família a consolidação do íntegro, do comportamento exemplar. O Barroco com sua estética nobre, carregada de preciosismos e ornamentos, já não se consolidava mais nessa mentalidade burguesa nascente. A representação de um passado nobre longínquo não condizia à realidade do mundo burguês, o que gerou uma revolta contra essa linguagem e, consequentemente, uma busca de representação que se aproximasse ao momento contemporâneo, ao momento de ascensão da burguesia. O movimento nascente dessa inquietação buscou no racionalismo a representação da sociedade burguesa, em que tudo passa a ser depreendido sob o ponto de vista do homem, e Deus, a religião, a natureza e a realidade são pensados e limitados a partir de um único princípio: a razão. O palco teatral torna-se cada vez mais o meio de expressão burguês. Não mais se exalta o nobre na figura do herói trágico, mas se adentra o seio familiar da classe em ascensão, dando à tragédia uma configuração nova, que, anos mais tarde, revolucionaria a forma antiga com a nova estrutura do drama moderno descrita por Peter Szondi (2001).

O pensamento de Immanuel Kant acerca da razão projetou grandes transformações nessa nova visão de mundo a partir do eu. Na análise das teorias[1] que provam a existência de Deus, Kant destrói a antiga metafísica, que, segundo ele (1984), se baseava em

---

1. Kant as separa em três argumentos (Chauí, 1999, p. 13): o argumento ontológico, o cosmológico e o físico-teórico.

uma forma ilusória e contraditória de explicar o que a razão não conseguia extrair da experiência através do entendimento. Porém, o filósofo argumenta que a existência da metafísica data de séculos e, ainda que não seja possível enquanto conhecimento teórico, há nela algum fundamento que possa explicar a sua existência:

> seria um absurdo [...] pretender que nossa experiência seja o único modo possível de conhecer as coisas, por conseguinte, que nossa intuição do espaço e do tempo seja a única intuição possível, que nosso entendimento discursivo seja o protótipo de todo entendimento possível, por conseguinte, que os princípios da possibilidade da experiência sejam as condições universais das coisas em si mesmas. (Kant, 1984, p. 76)

A razão, nesse ínterim, exige do homem ideias transcendentais, e é aí que entra a metafísica e, consequentemente, a ideia de Deus: "o conceito *deísta* é um conceito inteiramente puro da razão, o qual representa apenas uma coisa que contém toda a realidade, sem poder determinar uma única delas" (Kant, 1984, p. 79), ou seja, Deus vem suprimir a falta de um conceito do entendimento que explique o todo do qual o fenômeno é constituído. Segundo Safranski, o que Kant fez de Deus foi relegá-lo ao plano moral: "Kant declarou os bons modos como último órgão religioso que restava. Nisso a religião não é, tomada no sentido estrito, o fundamento da moral; pelo contrário, é fundamentada sobre a moral" (Safranski, 2010, p. 128). A moral como categoria autônoma fundamenta-se numa vontade que é apenas determinada por leis formais (imperativo categórico),[2] desvinculada de qualquer condição. Se Deus agisse sobre a moral do homem de modo que a determinasse, esta, portanto, perderia o seu fundamento autônomo e seu caráter de livre-arbítrio. Segundo Safranski (2010, p. 129), em Kant "Deus age sobre a autodominação moral do homem. Esta é sublime porque pode se erguer além de meras necessidades naturais e instintos. (...) A boa ação que merece

---

[2] "Age apenas segundo uma máxima tal que possas ao mesmo tempo querer que ela se torne lei universal." (Kant, 1984, p. 129)

esse nome, acontece, segundo Kant, por si mesma, não para uma recompensa terrena ou no além". Não há que se buscar na religião a justificativa para os seus atos; a própria moral do homem é parâmetro para as boas ações.

Dessa forma, a prática religiosa também sofre modificações gritantes. Passa-se a valorizar a experiência religiosa individual como forma de renascimento e de manifestação da graça divina (Rosenfeld, 1965, p. 13), numa luta contra a ortodoxia dogmática da Igreja Protestante oficial. De caráter sentimentalista, destoante, portanto, do racionalismo então em voga, essa força de contato direto, sem intermediários, com o elemento divino foi base para a irrupção da impetuosidade e do sentimentalismo tão característicos do pré-romantismo e do Romantismo propriamente dito.

Segundo Kohlschmidt (1967), o *Sturm und Drang*, o Classicismo de Weimar e o Romantismo possuem uma base comum que foi herdada da *Aufklärung*: o racionalismo e o pietismo. A filosofia racionalista e a experiência religiosa individualizada proporcionada pelo pietismo constituem, segundo o autor, importantes precedentes linguísticos, pois, através da filosofia racionalista, foi possível uma "precisão e capacidade de diferenciação intelectual e abstração impossíveis ao Barroco" (Kohlschmidt, 1967, p. 221), enquanto que o pietismo encontrou na experiência religiosa individualizada uma força de expressão impetuosa e direta, apagando, assim, o "caráter subjetivo e místico do Barroco".

Seguindo essa linha, o *Sturm und Drang*[3] continuou a mudança revolucionária iniciada pela *Aufklärung* em relação às concepções de arte, de literatura e de filosofia na Europa, se rebelando contra o classicismo francês e despertando a Alemanha para uma busca de identidade nacional que marcará alguns anos mais tarde o Romantismo. Em 1769, Johann Gottfried Herder empreende uma viagem por mar à França, que será de grande valia para os inícios

---

3. *Sturm und Drang* ("Tempestade e Ímpeto") é o título de uma peça de Klinger que foi incorporado como nome dessa primeira corrente literária de cunho romântico da Europa.

do *Sturm und Drang*. Nessa viagem, Herder mudou sua forma de conceber a arte e revolucionou seu pensamento literário, passando a prezar pela cultura popular, valorizando a cultura oral, e dando nova significação à leitura de Homero e Shakespeare (Heise; Röhl, 1986). Em seu retorno em 1771, o filósofo conhece Goethe, que fica impressionado com o brilhantismo de suas novas ideias: Shakespeare, Homero, a poesia popular e, sobretudo, a ideia de razão viva são incorporados pelo jovem Goethe, e, com eles, forma-se um círculo de intensa atividade cultural.

Herder foi discípulo de Hamann, um religioso fervoroso, que via no racionalismo preconizado na época a causa do desenvolvimento unilateral do ser humano, opinião que o filósofo adota principalmente para a crítica da filosofia de Kant, por entender que este se agarrava em demasia a uma "razão abstrata", que não passava de um "palavreado vazio" (Safranski, 2010, p. 24). Para ele, a razão deveria ser viva, fazer parte da existência, do espontâneo e do inconsciente (Safranski, 2010). Essa razão viva abre caminho para o culto do gênio e para a exploração da arte que provém do povo como expressão da genialidade original. Passa-se a colecionar canções, contos e fábulas populares, e as regras da Antiguidade perdem sua validade como modelo; os poemas do bardo *Ossian*, "recuperados" pelo poeta escocês James Macpherson, ganham áurea de genialidade popular; Shakespeare agora é a figura exemplar do moderno, dessa genialidade original que foge aos padrões dos antigos (Kohlschmidt, 1967, p. 229):

> A solução encontrada pelo *Sturm und Drang* alemão para a *Querelle des Anciens et des Modernes*, apresenta-se na imagem que os jovens Goethe e Herder têm de Shakespeare. Sonho, paixão, magia, loucura, pensamentos de morte e noite, e, acima de tudo, a inclinação para o ridículo e grotesco – eis o que desta maneira se legitima como sendo a tarefa e o sentido de uma arte moderna e independente. Os *Stürmer und Dränger* não hesitarão em por isto em prática, principalmente na lírica e no drama.

Para os *Stürmer und Dränger*, o racionalismo da Ilustração deformou o homem ao pendê-lo para só uma característica do ser:

a razão. Ela fragmentou a unicidade entre corpo e alma, o que faz com que essa geração penda a corda para o sentimentalismo exacerbado, para a irracionalidade. Sentiam-se impossibilitados de vivenciar a liberdade, pois a limitação imposta pelo racionalismo os impedia de vivenciar a genialidade advinda do impulso, do ímpeto. Essa filosofia (Safranski, 2010, p. 24) instigou o *Sturm und Drang* a cultuar o "gênio-poderoso" [Kraft-Genie], que, por meio do ímpeto, exacerba sua criatividade e a expõe livremente diante do mundo; o poeta passa a ter grande importância frente à sua obra. No entanto, esse gênio torna-se incompatível com a sociedade, e esse será o grande tema da *Weltschmerz* (dor do mundo). O gênio é contra tudo o que é convencional socialmente; ele se revolta contra as instituições, contra o absolutismo e, principalmente, contra o racionalismo da Ilustração. O impulso irracionalista busca a liberdade incondicional, e a igualdade é negada em favor da individualidade e originalidade de cada um.

Segundo Rosenfeld (1965, p. 11), houve, no *Sturm und Drang*, uma má interpretação do bom-selvagem de Rousseau, pois, para o filósofo, esse conceito caracterizava-se como uma metáfora para um retorno à própria natureza humana, que fosse mais guiada pelo coração e pela sensibilidade do que pela razão. O sentimento, para Rousseau, era a chave de interpretação do mundo racional, pois é ele que dimensiona a interioridade humana e permite ao homem a experiência espontânea e livre do viver (Bornheim, 2005, p. 80). Os jovens rebeldes interpretaram essa volta à natureza humana como um retorno ao estado primitivo do homem, movido apenas pelos impulsos irracionais, o que gerou um levante contra qualquer ordem estabelecida. Segundo Bornheim, a proposição de Rousseau não se baseia num abandono da cultura, mas sim numa mudança de perspectiva do homem em relação a essa civilização: o sentimento prevaleceria à razão.

O entusiasmo herderiano e rousseauniano ressoou nas obras dos jovens gênios, que propagaram a posição revolucionária contra o despotismo das instituições e transbordaram as paixões violentas e irracionais; o teatro, gênero de maior expressão do período, cultuou o gênio, o transgressor das leis e mesmo o bandido, em peças teatrais que retratam a impossibilidade de conciliação entre esses elementos e a civilização: *Goetz von Berlichingen*, de Goethe, *Die Räuber* e *Kabale und Liebe*, de Schiller, dão segmento ao drama burguês empreendido por Lessing, porém, acrescentam a ele o caráter revolucionário e impetuoso dos *Stürmer und Dränger*. Merece especial destaque os dramas de Schiller, pois, segundo Kohlschmidt (1967, p. 250-251),

> A culminância do teatro da época da genialidade é constituída pela linguagem dos dramas da juventude de Schiller. [...] Parece ser impelida por uma convincente (ainda que juvenil) paixão de expressão. [...] É, simultaneamente, a linguagem de um 'patos' retórico e a linguagem do coração. Linguagem de todas as classes, expressão tanto do primitivismo como da espiritualidade. Sua exaltação e ânsia pela sensualidade reflete-se no processo ideológico, também guiado pela paixão. [...] Os personagens irrompem em fúria ou raiva, porém não proferem disparates.

É interessante notar que os mesmos propagadores do irracionalismo efervescente serão os formuladores do peculiar Classicismo que surgirá em Weimar a partir de Goethe e Herder. A participação tardia de Schiller no movimento pré-romântico será rapidamente trocada por uma maturação dos sentimentos e efetivará uma teoria estética que buscará na harmonização dos sentimentos humanos com a razão a base para a revolução do pensamento. Os dois polos extremos presentes nas estéticas anteriores (*Aufklärung* e *Sturm und Drang*) encontrarão no Classicismo de Weimar uma tentativa de harmonização, que, por sua vez, buscará em Kant e no idealismo a chave para a possível educação do homem por meio da arte.

O movimento pré-romântico perde força quando da mudança de Goethe a Weimar e sua posterior viagem à Itália, que o despertou para a investigação da cultura clássica e para uma maior aproximação da natureza, que será basilar em sua obra posterior.

1.2 Classicismo de Weimar

A recuperação de textos gregos e romanos antigos no século XVI e a consolidação do modelo aristotélico e horaciano na França no século XVII abriram espaço para um melhor aprofundamento da cultura proveniente da Antiguidade Clássica, vertente que fez da pesquisa do passado uma tentativa de esclarecimento do presente (cf. Barbosa, 1999, p. 13). O classicismo alemão, partindo dessa premissa e inspirado nas tentativas de produção literária clássica de Martin Opitz, no Barroco, e Johann Christoph Gottsched, na Aufklärung, trouxe a serenidade apolínea dos clássicos para a produção literária e buscou a conciliação do homem clássico com o mundo (Rosenfeld, 1993, p. 71-72):

> Já não se adota a revolta contra a civilização, nem se quer voltar à natureza; pretende-se progredir até ela, depois de percorridas todas as fases e assimilados todos os valores da civilização. O homem clássico, distante de qualquer anarquia, busca a conciliação e o reconhecimento da livre lei da moral (Kant). A cultura, vencendo as fragmentações, deve levar o homem a uma nova integração e superação de todas as alienações (Schiller, *Sobre a Educação Estética*).

Esse homem, senhor de seu próprio destino, é consciente e capaz de dominar a natureza; é o homem em todas as suas configurações morais. Lei e ordem são a máxima representativa do homem clássico, e a obra de arte, resgatando sua autonomia, toma frente ao artista, que deve desaparecer diante da sua grandiosidade. Chega-se, a partir da obra de arte como imitação da natureza, à concepção de que ela tem o poder de educar o homem e de que ela possibilita a elevação moral dele. Esse período, segundo Rosenfeld (1993), é denominado clássico tanto no sentido de apogeu da produção literária na Alemanha como também faz referência à serenidade apolínea dos clássicos e sua reconciliação com o mundo.

A experiência do Classicismo alemão tem, já em suas origens, características que o diferenciam e, muitas vezes, o afastam do Classicismo ocorrido no restante da Europa, a começar pelo seu local de desenvolvimento. Segundo Rosenfeld e Guinsburg (2005,

p. 262), o termo clássico tem sua origem na palavra latina *classis*, que significa "frota", "e refere-se aos *classics*, aos ricos que pagavam impostos pela frota. Um escritor '*classicus*' é, pois, um homem que escreve para esta categoria mais afortunada e mais elevada da sociedade". Na Alemanha, esse termo, como designação do movimento literário e do escritor pertencente a esse período, perde seu sentido, pois, segundo Kohlschmidt (1967, p. 265), o berço do Classicismo alemão, a cidade de Weimar, se diferenciava das capitais que abrigaram o classicismo literário na Inglaterra, França e Itália, pois lá não havia uma herança cultural e econômica aristocrática que favorecesse a eclosão dessa estética. Contudo, as características da família soberana da corte de Weimar foram suficientes para a criação de um ambiente propício para o encontro dos gênios que lá chegaram à época.

Prestes a conceber seu segundo filho, a duquesa Anna Amalie de Braunschweig perde seu marido, e a responsabilidade de reger o ducado de Weimar fica em suas mãos até que o filho primogênito, Karl August, alcance a maioridade. A aristocrata sempre fomentou a cultura e as trocas intelectuais no ducado, e até a educação de seus dois filhos contou com a presença de um dos grandes intelectuais da época: Christoph Martin Wieland (1733-1813). Adepto à *Aufklärung* e, mais tarde, ao Classicismo de Weimar, Wieland permaneceu como preceptor do jovem duque até a sua emancipação em 1775, ano em que Goethe chega a Weimar a convite de Karl August e assume o lugar de Wieland. Livre das responsabilidades de regente, Anna Amalie formou um círculo de intelectuais muito peculiar: Wieland, Goethe e Herder (que foi atraído por Goethe a Weimar no ano de 1776) passam a frequentar a casa da duquesa, e a eles se juntam Charlotte von Stein, Klinger, Lenz e alguns fidalgos cultos da época, criando, assim, um ambiente favorável à efervescência cultural e ao nascimento de um Classicismo por vezes tido como atípico, ou até distante do Classicismo considerado tradicional, pois a ele não se acrescenta de forma totalitária o financiamento da aristocracia, mas sim a junção de personalidades que passam a partilhar ideias, a desenvolver atividades culturais, principalmente relacionadas ao teatro, e que, além disso, passam a ter maior acesso a materiais antigos muito preciosos do ponto de vista filosófico e literário, e que influenciarão constantemente a obra destes autores.

Costuma-se datar o início do Classicismo de Weimar no ano da viagem de Goethe à Itália (1786), contudo, o amadurecimento das ideias que culminarão na eclosão deste período literário já começa a fervilhar durante a primeira estadia de Goethe em Weimar. A amizade inicial do poeta com Karl August é permeada de arroubos juvenis que tumultuam a corte. Porém, essa fase é superada pelas atribuições oficiais das quais o jovem duque encarrega Goethe. Além disso, o escritor conhece Charlotte von Stein, uma baronesa culta que desviará as atenções do escritor para o mundo clássico. Essa maturação do poeta se torna visível em suas obras e ensaios estéticos, que passam por uma intensa disciplinação dos instintos. No entanto, o excesso de cargos acumulados por ele na corte e a entrada de Karl August no serviço militar prussiano em 1786 são motivos suficientes para Goethe empreender uma viagem à Itália em busca de novas ideias. A Itália abre seus olhos para o Classicismo que já estava latente em sua personalidade: vemos o renascimento de Goethe; no berço do classicismo, ele finalmente encontra a harmonia e vivencia a antiguidade clássica não mais apenas como teoria, superando, assim, o pré-romantismo (cf. Kohlschmidt, 1967).

As relações de Schiller com a corte de Weimar se dão mais tarde que as de Goethe, no entanto, os ideais clássicos aparecem primeiro nas obras de Schiller. Em 1784, Schiller viaja a Darmstadt, onde lê o primeiro ato da peça *Don Carlos* ao duque Karl August de Weimar, que fica tão impressionado com a obra que o nomeia conselheiro de Weimar. Nesta peça, nota-se que o ímpeto pré-romântico já não encontra lugar de expansão. Sem mesmo ir à Itália, manifesta-se em Schiller os inícios de uma maturidade clássica que não deixa transparecer mais a impetuosidade desenfreada presente em *Die Räuber*, por exemplo. Talvez sua debilitação física (Kohlschmidt, 1967, p. 282-283) e a pobreza em que vivera durante o período do *Sturm und Drang* tenham-no impelido a essa maturação precoce de sua obra. Não fora necessária a ele a vivência mais próxima com os resquícios da Antiguidade Clássica que Goethe sorvera na Itália. A liberdade conquistada de forma harmoniosa, e, portanto, mais duradoura, já se torna para ele nessa época tema persistente. Não há ainda a excelência clássica que será alcançada no contato com Goethe e com a obra crítica de Kant, porém, a diferença de tom dado aos seus escritos é perceptível.

Sua primeira aproximação de amizade com Goethe só ocorrerá em 1794, quando Schiller o convida para fazer parte da revista *Die Horen*.[4] Essa amizade terá como frutos a intensificação do classicismo de Weimar e uma série de cartas em que os dois discutem suas teorias estéticas. Os dois autores estabeleceram um contato de grande valia para a consolidação de suas obras filosóficas e literárias. Schiller foi essencial para o desenvolvimento do romance de formação de Goethe *Os anos de aprendizagem de Wilhelm Meister*, além de ser, segundo Kohlschmidt (1967, p. 268-269), o responsável pelo afastamento de Goethe das teorias de Herder, que serão cada vez mais suplantadas pelo pensamento schilleriano. Já Goethe incorporou à obra de Schiller uma visão objetiva da natureza que o despertou da caracterização unilateral do ideal, e o fez voltar-se para a conciliação entre o natural e o espiritual, de forma a "unir a subjetividade kantiana do sujeito com o forte sentido da natureza de Goethe" (Bornheim, 2005, p. 105). A arte, neste espaço, vem como o meio de alinhar as duas instâncias e, assim, dignificar o homem para o exercício da vida moral.

Nesse período, Schiller e Goethe desenvolveram obras literárias e filosóficas que visam à harmonia, à contenção dos ímpetos e que se inspiram no humanismo grego para a conciliação do homem moderno fragmentado.[5] As teorias estéticas desse classicismo buscam

---

4. Revista que começou a ser editada por Schiller em 1794 e que contou com a colaboração de Kant, Humboldt, Fichte, Herder, os irmãos Schlegel, Hölderlin, Goethe, dentre outros.
5. A expressão "homem moderno fragmentado" refere-se, ao longo deste trabalho, a uma perda de unidade do homem que Schiller caracterizou ao longo de toda sua obra filosófica. Não se trata, portanto, da acepção dada à fragmentação do homem moderno do século XX. Sobre a perda de unidade descrita por Schiller, ver item 2.5. A teoria do jogo.

na Antiguidade Clássica a harmonia e a perfeição perdidas na modernidade, no entanto, a elas são acrescidas as experiências de Kant, Lessing, o apogeu da Revolução Francesa e o pré-romantismo de Schiller e Goethe, dando ao Classicismo de Weimar características passíveis de serem aproximadas ao Romantismo. O Romantismo nascente teve seus horizontes ampliados pelas teorias estéticas de Schiller e Goethe, principalmente a teoria do jogo desenvolvida por Schiller, que foi, segundo Safranski (2010, p. 41), "o prelúdio da revolução literária romântica em torno de 1800", ainda que os românticos não admitissem tais influências.

Aliás, a aproximação entre clássicos e românticos na Alemanha é tema frequente de discussão. Até as últimas décadas do século XX as disparidades entre românticos e clássicos eram afirmadas como forma de manter a separação entre as duas estéticas. Anatol Rosenfeld (1993), por exemplo, assinala em seu *Teatro Moderno* que a caracterização de Goethe e Schiller como "essencialmente românticos" não pode ser aceita, pois, apesar das experiências pré-românticas anteriores dos dois autores, os fundamentos das teorias estéticas desenvolvidas a partir de então são notadamente clássicas. Contudo, os fins do século XX já marcam uma mudança de perspectiva em relação a essas disparidades e começa-se a enaltecer as semelhanças que os primeiros românticos e os clássicos de Weimar (especificamente Schiller e Goethe) compartilham. Gerd Bornheim (2005) diz que se compararmos as obras de Goethe e Schiller às do clássico Racine e às dos irmãos Schlegel, por exemplo, ficará evidente a disparidade com o primeiro e a intensa aproximação com os últimos. Não se afirma a inexistência de elementos clássicos nos dois autores, mas as aproximações ao ideal romântico sobressaem a esses elementos. Afora esse debate da existência ou da possibilidade de um Classicismo na Alemanha, o que se nota é que o Classicismo de Weimar se lançou a um ideal clássico e dele alimentou suas obras, ainda que sobre ele sondasse o espírito romântico. Que o Romantismo tenha se aproveitado desse ideal clássico já é coisa dada. Os dois grupos compartilhavam o modelo grego como signo de perfectibilidade, mesmo que para os clássicos esse modelo significasse a forma ideal de representação, e para os românticos equivalesse a uma meta futura de perfeição a ser alcançada depois de recriada uma mitologia propriamente alemã, que conseguisse ser, para a poesia moderna, o que a mitologia grega foi para a poesia antiga. Para Schlegel (1994), somente na busca dos antigos e de sua sabedoria seria possível criar uma mitologia que resgatasse o sentido primeiro da poesia.

Herder, Schiller e Goethe foram, portanto, modelos dessa geração de poetas que surgira na última década do século XVIII, e que convivera com os clássicos até a morte de Schiller em 1805. A própria aproximação espacial e temporal entre os românticos de Jena e os clássicos de Weimar já garante o contato e a discussão das ideias de um grupo e outro. Conscientemente, os primeiros românticos se apropriaram de muitas das questões estéticas lançadas pela tríade clássica e, a partir delas, difundiram os seus próprios questionamentos.

1.3 Romantismo

Críticos literários como Gerd Bornheim e Rüdiger Safranski costumam classificar a cultura alemã como essencialmente romântica. Segundo esses autores, as diversas etapas (senão todas) da cultura alemã possuem esse veio romântico, que somente é intensificado pelo Romantismo. Safranski (2010, p. 324) dedicou um livro todo, *Romantismo: uma questão alemã*, a caracterizar o Romantismo como genuinamente alemão, como uma filosofia de vida que desgraçadamente "foi envenenada no momento em que se associou a um pseudoconhecimento científico que acreditava poder deduzir da biologia uma moral". Mesmo essa posterior associação ao nacional-socialismo, que incorporou as ideias românticas de forma covarde, não feriu a áurea de vida que o Romantismo alemão propagou em fins do século XVIII até a metade do século XIX. Segundo Safranski (2010, p. 17),

> O espírito romântico tem muitas formas, é musical, tentador e atraente, ama a distância do futuro e do passado, as surpresas do cotidiano, os extremos, o inconsciente, o sonho, a loucura, os labirintos da reflexão.

Não permanece igual a si mesmo, é modificador e contraditório, ansioso e cínico, apaixonado pelo incompreensível e popular, irônico e disperso, narcisista e social, amante da forma e do seu dissolvimento. O velho Goethe disse que o romântico seria o doentio. Mas tampouco quis abrir mão dele.

A valorização do fantástico, do estranho, a atração pelo mistério, pelo misticismo, pela religiosidade, pela magia e, principalmente, os sentimentos de nacionalismo despertados pelo contexto histórico são características marcantes desse período literário. As matrizes do Romantismo, em si contraditórias, estão ligadas ao pensamento clássico de Schiller, Goethe e Herder, mas também partilham das tendências pré-românticas do *Sturm und Drang* da qual fizeram parte essa mesma tríade clássica. Atrelados também ao pietismo, a Rousseau e ao idealismo de Kant, os românticos nasceram no ambiente universitário de Jena por volta de 1790, e o movimento foi marcado pela formação de círculos de intelectuais como August Wilhelm Schlegel, Ludwig Tieck, Clemens Brentano, Hölderlin, Friedrich Schlegel, Schelling, Novalis, que se encontravam todos na casa de Schlegel para discutir literatura, filosofia, etc., mas também para cometer os mais absurdos excessos, que horrorizavam – ironicamente – os clássicos Schiller, Goethe e Herder.

A identificação com o sentimento, do qual deverá brotar o impulso inicial para a revolução do pensamento, propiciou, nesse ambiente, a teorização de Schlegel de uma poesia universal progressiva (Safranski, 2010, p. 56), que se caracteriza por uma aproximação entre literatura e vida, em que tudo que faz parte da vida deve ser insuflado de significado poético e merece ser romantizado. A poesia universal progressiva tem, segundo Schlegel, a meta de reunificar os gêneros, a fim de retomar a unidade perdida com a fragmentação dos campos (poesia, retórica e filosofia); essa união propõe a quebra dos limites da especialização (Safranski, 2010, p. 56), tornando a poesia uma expressão da vida e a vida social em expressão poética.

Essa poesia que tenta se reunificar buscará seus parâmetros na Antiguidade Clássica. Em 1795, Schlegel escreve *Sobre o estudo da poesia grega*, texto em que o autor irá colocar em evidência, por meio do conceito de poesia ingênua descrito por Schiller em seu ensaio *Sobre poesia ingênua e sentimental*, o "belo caos" dos gregos. O "caos" em que o grego vivia (Safranski, 2010) mantinha a unidade natural do homem, limitado que estava à imitação da natureza, e fazia emergir na poesia a forma perfeita. Segundo Safranski (2010, p. 58), o que Schlegel irá mostrar é que, no presente, essa anarquia também é manifesta, porém, trata-se de uma "anarquia monótona, sem encantos. Falta substância. Têm-se finalmente, segundo Schlegel, de trazer genialidade ao jogo. Para tal, deve-se entender que a vida talvez nada mais seja que um grande jogo. (...) Entre os românticos, especialmente Schlegel, esse jogo se torna o jogo da ironia" (Safranski, 2010, p. 58). A ironia aqui não significa sarcasmo, mas consiste "em produzir frases compreensíveis que aludem ao incompreensível quando se as olha bem" (Safranski, 2010, p. 60). A poesia, então, se torna irônica quando ultrapassa o significado da frase, quando estimula a reflexão em torno dela, ou seja, quando o poeta consegue produzir um jogo entre a aparência do enunciado e a sua significação, que remete ao incompreensível, ao absoluto. Joga-se com o finito da frase, com o todo acabado do enunciado, e a sua infinitude transparece quando se tenta chegar ao incompreensível. A poesia romântica é aquela que representa no finito o infinito.

A quebra de limites da poesia, então, exige uma desconstrução da forma clássica e uma maior proximidade entre o homem e o mundo que permita traduzir a experiência da vida em arte. Segundo Benedito Nunes (2005, p. 56), desde o século XVII, com o Iluminismo, estabeleceu-se um elo de comunicação entre a Natureza e o homem que permitiu o reconhecimento da função deste frente àquela e integrou-os sob orientação de leis uniformes, que se tornaram o fundamento para o princípio religioso, com a inserção kantiana da religião "nos limites da simples razão", e para a estética como disciplina filosófica, que incorporou as leis morais na constituição do objeto belo, característica adotada pelo Classicismo (Nunes, 2005, p. 57):

Haveria, portanto, entre o interior e o exterior, entre o homem e o mundo, um prévio 'circuito de comunicação' da natureza das coisas e da natureza humana: circuito que caracterizou a direção epistemológica do pensamento da época clássica, fundada num achatamento do sujeito, encaixado como sujeito universal do conhecimento, a uma Natureza cuja ordem e cuja regularidade se prolongaram na ordem e na regularidade dos discursos científico, religioso, estético, jurídico e político do século XVIII.

No Romantismo (Nunes, 2005), esse circuito de comunicação passa a depender do sujeito, que agora se sobressai à Natureza e passa a encará-la a partir do eu. Da experiência do eu diante do mundo decorre a experiência poética libertária. Como base do pensamento fichtiano, o "eu" somente é instituído quando pensamos; diferente de Kant, em que o "eu penso" é tido como algo dado, em Fichte o homem descobre o seu eu quando pensa, quando reflete sobre o "eu penso" (Safranski, 2010, p. 71). Essas duas instâncias (o *eu pensante* e o *eu pensado*) estabelecem um círculo ativo, em que "não se trata de o eu só se fundamentar através da contemplação, mas de que ele se produza a si mesmo na reflexão, que por sua vez é uma atividade; ele se estabelece" (Safranski, 2010, p. 71). O mundo exterior, nessa escala, somente passa a ser apreendido a partir da fundamentação do eu, que percebe a limitação que o não-eu lhe impõe. Esse mundo exterior, portanto, ainda que seja existente fora do eu, não escapa de ser dominado pelo eu; o eu o precede e o revela.

Segundo Safranski (2010, p. 72), para Fichte, "cada realidade que age sobre nós está incluída em possibilidades. Sensações no próprio corpo se nos impõe, mas mesmo em relação a elas temos a liberdade de agir: podemos lidar com elas". Desse campo aberto de possibilidades, o nosso eu elege as que são necessárias para a formação de sua realidade, sempre restando outras que poderiam formar outro tipo de realidade. A liberdade de agir (cf. Bornheim, 2005) do eu, entretanto, exige sempre um obstáculo para que possa existir: a sua negação, o não livre é, para Fichte, o mundo das representações, um "obstáculo tornado sensível, a fim de que o homem possa cumprir seu dever moral" (Bornheim, 2005, p. 89). O mundo moral criado pela liberdade exerce, na própria liberdade, uma limitação, fazendo-a caminhar em sua escolha de possibilidades na direção do cumprimento do dever moral do eu (Bornheim, 2005, p. 93):

> Fichte afirmara um eu que é liberdade infinita, pura, absoluta. Mas a consciência humana subsiste como o lugar da oposição entre o eu e o Não-eu. Consequentemente, se a consciência permanece um foco de oposição entre o real e o ideal, o triunfo definitivo da liberdade se faz impossível, porque ela nunca pode realizar-se plenamente; o ideal se limita ao plano da aspiração moral. O homem deverá viver sempre, segundo Fichte, dentro da dimensão do dever-ser, vigorando eternamente a dilaceração entre o finito e o infinito. E a filosofia não poderia vencer esse último dualismo.

Já que filosoficamente não é resolvida essa fragmentação do eu que não consegue alcançar o ideal, a arte vem como a possibilidade de alcance desse ideal. Essas ideias, que já figuraram na teoria estética de Schlegel, são de fonte schilleriana. Na tentativa de superação do dualismo kantiano (cf. Bornheim, 2005, p. 93) entre ideal e real, Schiller atribuirá à arte a função de conciliadora entre esses dois mundos e explicitará o papel pedagógico que a arte desempenhará na formação do homem para a liberdade. Longe de preconizar a autonomia da arte como o fez Kant e Schiller, os românticos atribuirão a ela um papel pedagógico que terá como finalidade a realização plena do Absoluto (cf. Borheim, 2005). Schlegel, a partir da filosofia fichteana, fundamentará que cada ser leva em si o supra individual, e o "artista genial é quem melhor realiza o absoluto que traz em si e melhor comunica-o aos outros" (Bornheim, 2005, p. 93). E Kleist, incorporará em seu *Teatro de marionetes* essa oposição criada pela consciência entre ideal e real como a causadora da queda do homem de seu estado de graça, impossibilitando a conciliação do eu com o mundo.

O eu, portanto, é a figura central a partir da qual tudo se desdobra e tudo se explica; essa exaltação do eu fez com que a vida interior fosse vista como o "solo sagrado da verdadeira vida, o recesso do ideal, de onde o sentimento religioso brota, onde a perfeição moral se abriga e a arte começa" (Nunes, 2005, p. 58). A singularização da pessoa valorizou, consequentemente, a singularidade de cada povo, e as diferenças culturais foram celebradas como nunca antes. Assim, o saudosismo de unidade ideal empreenderá uma busca incansável do Absoluto e alcançará tempos primórdios e povos desconhecidos, explorando mitos, folclores, cultura popular etc. Nesse contexto, a mitologia grega transforma-se em parâmetro para se chegar ao "âmago da poesia". Para Schlegel, o que falta à poesia romântica é a criação de um sistema mitológico que a sustente e que consiga ser para a poesia moderna o que a mitologia grega era para a poesia antiga; a mitologia dos gregos não pode ser empregada para suprir as necessidades da poesia moderna, mas a investigação dos antigos e de sua sabedoria pode dar embasamento para a criação de uma mitologia moderna que resgate o sentido primeiro da poesia. É chegada a hora de ser produzida uma "nova mitologia" (Schlegel, 1994, p. 51):

> A nova mitologia deverá, ao contrário, ser elaborada a partir do mais profundo do espírito; terá de ser a mais artificial de todas as obras de arte, pois deve abarcar todo o resto, um novo leito e recipiente para a velha e eterna fonte primordial da poesia; ao mesmo tempo, o poema infinito, que em si oculta o embrião de todos os outros poemas.

Essa nova mitologia superaria a razão e transportaria o homem para "a bonita confusão da fantasia, o caos originário da natureza humana" (Schlegel, 1994, p. 55), na qual tudo "o que de costume se evade para sempre à consciência é nela vislumbrado física e espiritualmente" (Schlegel, 1994, p. 54).

Em 1797, Hölderlin, Hegel e Schelling farão, então, um esboço da nova mitologia: *O mais antigo sistema-programa do idealismo alemão*. O idealismo alemão foi, para os românticos, essa nova mitologia. Entretanto, o idealismo nascente (Guinsburg, Rosenfeld, 2005, p. 269) se difere do idealismo do Iluminismo, devido ao seu grau de abstração: o idealismo da Ilustração parte de um individualismo que tenta igualar todos os homens racionalmente; nele, cada homem possui o mesmo nível racional, a mesma capacidade de desenvolvimento. As diferenças entre os homens se dão por fatores externos a ele, como a educação recebida, as limitações sociais às quais ele é submetido etc.; sem tais entraves, "todos os homens deverão aproximar-se da plena racionalidade. Suas potências racionais tornar-se-ão ato" (Guinsburg, Rosenfeld, 2005, p. 269). Já o idealismo romântico tem como foco a valorização do indivíduo particular, ou seja, não tenta igualá-lo racionalmente, mas justamente o distingue socialmente, valoriza a peculiaridade de sua educação, de sua nacionalidade e de sua sensibilidade.

Não é ao acaso, portanto, que a visão da Antiguidade Clássica se modifica da estética clássica à romântica; os clássicos seguem o modelo grego de forma a incorporá-lo em sua vida, enquanto os românticos buscam na Antiguidade uma essência que os ajude a recriar a unidade anterior; não é a imitação do modelo antigo que irá trazer à tona a unidade, e sim a criação de uma sociedade que consiga se desenvolver a ponto de atingir essa unidade.

A teoria do jogo[6] de Schiller, unida ao dualismo kantiano (sensível/razão), funcionará nesse novo sistema mitológico como estímulo (Safranski, 2010, p. 77), pois a poesia corresponderá ao estado lúdico, e o jogo[7] suscitado pela arte, que permite, segundo Schiller, a completude do homem, ganhará, nos românticos, espaço para o resgate das tradições, que, devido à sua unidade primordial, ao seu aspecto lúdico, e à sua característica de colocar o homem em situação de jogo, de brincadeira, pode ajudá-lo a alcançar a unidade. A fantasia, nesse aspecto, tornou-se a religião estética dos românticos e suscitou a busca para além da mitologia grega.

Além disso, a Revolução Francesa despertou o interesse em se descobrir o que era realmente a Alemanha. As atenções voltaram-se para o resgate iniciado por Herder do popular, e o Oriente passou a ter grande importância na poesia romântica. Essa volta

---

6. Sobre a teoria do jogo de Friedrich Schiller, ver seção 2.5 do capítulo 2.
7. "É mediante a cultura ou educação estética, quando se encontra no 'estado de jogo' contemplando o belo, que o homem poderá desenvolver-se plenamente, tanto em suas capacidades intelectuais quanto sensíveis." (Schiller, 2002, p. 12)

para a tradição popular, para o continente do leste e para o passado longínquo é uma resposta para o futuro prometido pela Revolução Francesa que desmoronou; a idealização do passado se torna mais interessante do que o futuro em ruínas que está sendo construído. Segundo Benedito Nunes (2005, p. 55), é na arte "que se condensam os nexos sociais e políticos, ideologicamente polarizados, daí por diante jamais desfeitos, que entramam a obra de arte e o estado do mundo, colocando aquela num permanente confronto com o real". Mais do que isso, a arte do Romantismo alemão buscou consolidar a Alemanha enquanto nação; na arte floresceram o eu transcendente e sua visão de mundo, e por ela se resgatou o sentimento nacional.

O romântico alcançou as profundezas do homem e encontrou o ser fragmentado sedento de unidade que se confronta com o mundo real. E fruto desse espírito surgiu, nas palavras de Rosenfeld (1993, p. 83), "o maior trágico do teatro alemão, Heinrich von Kleist (1777-1811)", que lutou ardentemente contra a realidade política da Alemanha e odiou intimamente Napoleão, criando, tanto em sua poesia quanto em sua vida, um ambiente de extremismo de sentimentos que se tensionam.

Nascido em Frankfurt an der Oder no ano de 1777, órfão desde que tinha 10 anos de idade, militar assim como fora seu pai, Heinrich von Kleist vivera sempre no limite da explosão de sentimentos: fora preso como espião prussiano, abdicou da vida na cidade por alguns meses para tentar encontrar no campo o "bom selvagem" de Rousseau, fora arrebatado pela filosofia de Kant, e seu ato mais extremo foi cometer o suicídio para aplacar sua dor de viver num mundo sem sentido. Assim como sua vida, a morte também requisitou uma grande cena trágica: em 1811, Kleist encontrou Henriette Vogel, uma jovem que, devido a uma doença grave, estava à beira da morte e, unido a ela, matou-se em frente ao lago Wannsee em Potsdam com uma arma, quase repetindo a cena trágica de sua novela *Die Verlobung in St. Domingo*.

O jovem Kleist, que aos 15 anos já servia como soldado ao exército prussiano, abandonou o militarismo e passou a dedicar-se com afinco à literatura por volta de 1801, contudo, sem deixar que um ímpeto militarista e um ódio extremo a Napoleão imperassem em suas obras. Assim como a carreira militar foi permeada de conturbações, a vida de escritor passou por diversas turbulências devido ao não reconhecimento da grandiosidade de sua obra, sendo relegada a Kleist a sina dos escritores que só conseguem ganhar notoriedade anos após sua morte. Kleist começou a ter sua obra resgatada por Ludwig Tieck em 1821, sendo alguns de seus escritos publicados pelo escritor, além de grande parte de suas peças teatrais só terem chegado ao palco após a segunda década do século XIX.

Segundo Seán Allan (2001, p. 3), no século XX, as histórias de Kleist atraíram autores como Hermann Hesse, Thomas Mann e Franz Kafka e exerceram influências sobre a obra de Christina Wolf, Christoph Hein e Patrick Süskind, o que indica a modernidade do autor. Kleist foi considerado por Rosenfeld e Kohlschmidt o maior dramaturgo alemão do século XIX; por Nietzsche como uma das figuras chave para a mudança do padrão clássico para o romântico na Alemanha; e por Lukács como o precursor do estilo do drama moderno, na medida em que se tornou, em sentido estrito, "modelo para a distorção e dissolução da forma dramática no período de decadência da literatura burguesa" (Lukács, 2012, p. 258). Thomas Mann (1976, p. 5-6), assim, o classificou: "*He was one of the greatest, boldest, and most ambitious poets Germany has produced; a playwright and storyteller of the very first order; a man unique in every respect, whose achievement and career seemed to violate all known codes and patterns*".[8] Sem falarmos da grande influência que sua obra teve para a construção da literatura kafkiana, que, por fim, fez ressurgir no início do século XX um maior interesse sobre a obra de Kleist. Portanto, o dramaturgo e contista, que esteve um tanto à margem dos estudos sobre a dramaturgia alemã, merece ser progressivamente recolocado no rol dos estudos acadêmicos, a fim de que se possa revelar a grandiosidade já reconhecida de sua obra.

---

8. "Ele foi um dos maiores, mais ousados e mais ambiciosos poetas que a Alemanha produziu; dramaturgo e contista de primeira ordem, um homem único em todos os aspectos, cuja realização e carreira parecia violar todos os códigos e padrões conhecidos."

CAPÍTULO 2
FRIEDRICH SCHILLER E O PROJETO DE EDUCAÇÃO ESTÉTICA DO HOMEM

Friedrich Schiller escreveu praticamente todos os seus textos sobre estética de maior importância entre os anos de 1791 e 1795. A causa de tamanha produtividade pode ser marcada pelos acontecimentos de 1789, com a eclosão da Revolução Francesa, e pela leitura da *Crítica do Juízo* de Kant, em 1791, motivada por um curso que Schiller ministrou no semestre de inverno na Universidade de Jena entre 1792 e 1793. Aliado a esses acontecimentos, foi também de grande ajuda para o desenvolvimento de sua teoria estética o financiamento que o príncipe dinamarquês Friedrich Christian von Schleswig-Holstein-Augustenburg promoveu para a produção dos escritos estéticos de Schiller a partir de 1791, e que resultou no livro *Sobre a educação estética do homem*, uma série de cartas que traz para o centro de discussão as relações entre as esferas estética e moral. Schiller passa a dedicar-se a uma teoria estética embasada nas ideias kantianas, buscando erigir a estética como ciência filosófica que interfere na formação do homem.

A partir da leitura da *Crítica do Juízo*, Schiller quer ampliar os horizontes da estética, estabelecendo as relações entre o juízo do gosto e a razão prática, ou seja, entre a estética e a vontade do homem como categoria que é derivada de leis morais. A investigação da beleza e do sublime nesse espaço demarca, portanto, os passos iniciais para se chegar ao cume da teorização sobre os efeitos do juízo do gosto e da arte na formação do homem.

Kant (1984, p. 171), em sua *Crítica do Juízo*, caracteriza o Juízo como uma faculdade de conhecimento que intermedeia as leis da natureza fornecidas pelo entendimento e as leis da liberdade fornecidas pela razão. O juízo toma a natureza a partir do conceito de técnica,

> conceito este que não funda nenhuma teoria e, do mesmo modo que a lógica, não contém conhecimento dos objetos e da sua índole, mas somente dá um princípio para o prosseguimento segundo leis de experiência, pelas quais se torna possível a investigação da natureza. (Kant, 1984, p. 172)

Esse princípio de investigação baseia-se no sujeito enquanto ser que atribui à natureza um sentimento seu que é suscitado pela técnica da mesma, em que refletimos sobre um conceito empírico já determinado pelo próprio entendimento, que introduz na natureza um conceito de finalidade. Segundo Kant (1984), se a forma do objeto leva a imaginação a apreender uma característica diversa do mesmo que coincide com um conceito do entendimento que não pode ser determinado, temos um juízo estético, que será aqui o alvo de nossa investigação. O juízo estético para Kant, portanto, é subjetivo na medida em que depende do sujeito e de como ele é afetado na atribuição de um conceito indeterminado a uma forma da natureza.

Essa conceituação do juízo estético subjetivo levou Schiller, no exame da beleza, a perseguir a necessidade do estabelecimento de um princípio objetivo válido universalmente para o belo. A teoria kantiana sobre a beleza não o satisfazia, uma vez que Kant conferia ao belo um caráter demasiado subjetivo. Em sua odisseia, Schiller empreendeu um projeto que, na tentativa de ultrapassar a teoria kantiana na fundamentação da matéria estética como disciplina filosófica autônoma, foi além da inferência do juízo do gosto de Kant, e procurou encontrar a qualidade objetiva do belo partindo do princípio de que beleza é liberdade no fenômeno, ou seja, é algo presente no sensível, na realidade, que se pode fazer analogia à liberdade e à vontade pura.

Ainda que o princípio subjetivo kantiano não agradasse a Schiller, seus fundamentos serviram de base para diversos ensaios que, em linha evolutiva de pensamento, culminaram na fundamentação de uma teoria que encontra na arte as bases para uma educação estética do homem. Enquanto nas cartas dirigidas ao seu amigo Körner, *Kallias ou sobre a beleza*, Schiller detalha sua pretensão a uma superação do caráter subjetivo da beleza, em *Sobre graça e dignidade* o autor já delineia um ideal de beleza que sustenta a possibilidade de liberdade moral do homem na medida em que garante a simultaneidade das duas leis que o regem: o sensível e o formal. Essa constatação de Schiller deu embasamento para a configuração de um processo de superação do dualismo kantiano por meio da teoria do jogo dos impulsos, culminando, assim, na proposta de uma arte como fonte de aprimoramento dos sentimentos humanos, como base para a formação do homem para a liberdade. Nas *Cartas sobre a educação estética do homem*, portanto, Schiller caracteriza os passos que o homem deve seguir para a concretização de um ideal de humanidade, pensamento esse que ganhou maior intensidade com os desdobramentos da Revolução Francesa.

A ênfase na formação do caráter humano por meio do estético foi também uma reação à barbárie a que a Revolução Francesa caiu: o novo Estado burguês exigia a formação do homem para a liberdade na medida em que se atestava, diante do terror, o despreparo dele na composição desse novo Estado. À cultura estética estava delegado, portanto, o papel de regenerar o caráter humano como forma de melhorar a estruturação do Estado e, como finalidade mais suprema, a liberdade como forma de tomar para si o controle diante de qualquer inclinação imposta pela natureza instintiva do homem. Para Schiller, importava entender como a arte ajudaria na emancipação do indivíduo, que passaria a atuar no mundo por meio da liberdade de sua vontade.

Nesse espaço, a tragédia passou a ser objeto de análise e teorização em Schiller, principalmente na delimitação do prazer que é suscitado por essa forma de arte. Por meio dela, Schiller traçou as características do sublime e do patético na garantia do efeito libertador da arte em relação à educação estética do homem.

Começando por *Kallias ou sobre a beleza*, traçamos, neste capítulo, como Schiller, a partir das teorias de Kant sobre o belo e o sublime e a partir da Revolução Francesa, construiu suas ideias em torno da beleza e da moral, e como essas duas instâncias se manifestam no fenômeno através da graça e dignidade. Como arremate, utilizamos a peça *Die Jungfrau von Orleans* como forma de demonstrar o desenvolvimento dessas teorias na própria arte, empregando a experiência sensível de maneira a expressar o não sensível e suscitar por meio da linguagem o estado de ânimo capaz de libertar o leitor/espectador.

2.1 *Kallias ou sobre a beleza* e a busca de uma qualidade objetiva para o belo

O projeto de definir de forma objetiva o belo foi desenvolvido por Schiller nas correspondências que trocou com seu amigo Christian Gottfried Körner de janeiro a fevereiro de 1793, posteriormente publicadas sob o nome *Kallias ou sobre a beleza*, designação que Schiller intencionava dar ao seu livro sobre a teoria do belo, que nunca foi concretizado. Acompanhando os desdobramentos do curso de inverno que Schiller ministrou na Universidade de Jena entre 1792 e 1793, essas cartas evidenciam o desenvolvimento do pensamento schilleriano a partir das matrizes filosóficas a que se dedicou para a preparação do curso: Immanuel Kant, Edmund Burke, Moses Mendelssohn, Alexander Gottlieb Baumgarten, David Hume, Johann Joachim Winckelmann, dentre outros, contribuíram para os desdobramentos de seus posteriores estudos estéticos a partir de 1791.

Que Schiller pretendia ir além de Kant na teorização do belo fica claro nessas cartas. Kant foi central no desencadeamento de sua busca por um conceito objetivo da beleza, pois Schiller, na tentativa de se desvencilhar do subjetivismo racional que o filósofo de Königsberg deu ao juízo do gosto, propõe que esse subjetivismo deverá ser superado mediante as leis originárias da razão.

Para Kant (1984), quando julgamos um objeto esteticamente, não atribuímos a ele um determinado conceito que nos faça conhecê-lo, mas, pela via da imaginação vinculada ao entendimento, é produzida uma sensação de prazer ou desprazer que informa ao pensamento o sentimento de seu estado diante do objeto. Assim, na contemplação de um objeto belo, coincidem a apreensão que dele faz a imaginação e a exposição de um conceito do entendimento (sem a possibilidade de se determinar qual conceito). Se essa comparação se desse entre leis empíricas e conceitos empíricos, teríamos a concordância da razão com o entendimento e, portanto, o julgamento aqui seria teleológico, e não estético, pois teria uma finalidade objetiva. O juízo estético, dessa forma, é concebido como a harmonização entre a imaginação e o entendimento, e, constituído de maneira subjetiva, impossibilita um princípio objetivo do gosto, pois o prazer ou desprazer que se sente na contemplação do objeto belo é imediato e independe de qualquer inferência conceitual. Se a caracterização de beleza para Kant, por outro lado, parte justamente do princípio de que "belo é aquilo que, sem conceito, apraz universalmente" (Kant, 1984, p. 221), à qual a pretensão ao universal do belo é provavelmente resultante de um "senso comum", ou seja, é o resultante do livre jogo das faculdades de conhecimento (entendimento e imaginação), ainda assim torna-se impossível qualquer conceituação objetiva da beleza (Kant, 1984, p. 183), pois:

> A expressão de um *modo-de-representação* estético é inteiramente inequívoca, se por ela se entende a referência da representação a um objeto, como fenômeno, para conhecimento do mesmo; pois nesse caso a expressão estético significa que a uma tal representação se prende necessariamente a forma da sensibilidade (como o sujeito é afetado) e esta, por isso, é inevitavelmente transferida ao objeto (mas apenas como fenômeno).

Segundo Schiller (2004, p. 66), "a crítica de Kant nega a objetividade do belo a partir de um fundamento insuficiente, porque o juízo sobre o belo se funda sobre o *sentimento de prazer*". Esse modo de encarar o objeto belo a partir da sensibilidade do sujeito, como ele é afetado na contemplação, não é suficiente para Schiller, o que o motiva a encontrar na beleza uma qualidade objetiva. Se, para Kant, nas palavras de Schiller (2004, p. 66), "o belo é efeito da liberdade interna", Schiller irá postular que a beleza é liberdade no fenômeno, inserindo em sua conceituação um princípio empírico (o objeto dado pela experiência) e um princípio suprassensível (a liberdade). Contudo, na primeira carta dirigida a Körner, Schiller (2002, p. 42) expressa a dificuldade de se encontrar o conceito objetivo da beleza:

> A dificuldade de estabelecer objetivamente um conceito da beleza e de legitimá-lo inteiramente a priori a partir da natureza da razão, de modo que a experiência a rigor o confirme cabalmente, mas que não careça de modo algum desse pronunciamento da experiência em prol de sua validade, essa dificuldade é quase ilimitada.

O trabalho então será provar que a razão possui um fundamento objetivo que liga uma ideia sua ao objeto do fenômeno, que, por sua vez, possui uma característica que suscita essa ideia na razão. Dessa forma, Schiller acredita que em todo objeto belo deve haver algo de objetivo e universal que se pode fazer analogia à liberdade presente no suprassensível. Em vista disso, Schiller (2002, p. 42) elabora seu pensamento de forma a explicar o belo não pelo subjetivismo racional de Kant, nem pelo subjetivismo sensível de Burke,[1] ou o objetivismo racional de Baumgarten e Mendelssohn,[2] mas sim a partir de uma quarta forma: de modo objetivo sensível. E Schiller começa justamente a explicar o conceito de beleza partindo da determinação subjetiva do belo. Segundo o autor (2002, p. 54), nosso comportamento

---

[1]. Edmund Burke, em seu estudo sobre a beleza e o sublime, (*A Philosophical Enquiry into the Origin of our Ideas of the Sublime and Beautiful*), de 1756, concebe o juízo estético de modo subjetivo, porém, diferentemente de Kant, assenta sua determinação em sentimentos, e não na razão, restringindo, por meio da exclusão do princípio de razão, a "comunicabilidade universal" do belo. Schiller critica essa definição subjetiva do juízo do gosto de Burke de forma a fundamentar as suas ideias em relação à caracterização objetiva da beleza.
[2]. Baumgarten e Moses Mendelssohn eram adeptos da filosofia racionalista de Christian Wolff e Gottfried Leibniz, e postulavam a perfeição do objeto belo no mundo sensível.

diante da natureza pode se dar de três maneiras: passiva, ativa, ou passiva e ativa ao mesmo tempo. Se apenas sentimos os efeitos da natureza, estamos nos comportando de forma passiva; se somos nós que determinamos os efeitos, nosso comportamento é ativo; se representamos os efeitos da natureza, ambas as formas estão atuando conjuntamente. Essa representação que fazemos dos efeitos do fenômeno, por sua vez, pode se dar de dois modos: ou a observamos com a intenção de conhecê-la, ou a contemplamos de maneira desinteressada. Na contemplação, sentimos as impressões que tiramos do fenômeno passivamente, e ativamente "submetemos essas impressões às nossas *formas da razão*" (Schiller, 2002, p. 54), que buscarão ligar a matéria sensível de maneira a conferir-lhe a sua forma, ou seja, ligá-la "segundo suas leis" (Schiller, 2002, p. 54).

Sempre que a força de ligação da razão liga representação com representação, ela tem em vista a razão teórica, pois visa o conhecimento; quando liga representação com vontade pura, ela tem em vista a razão prática, pois visa a ação. A razão teórica e a razão prática, portanto, possuem domínios distintos (Barbosa, 2002), pois são regidas por leis distintas: enquanto a razão teórica conduz ao conhecimento, a razão prática "abstrai de todo conhecimento e tem a ver apenas com determinações da vontade, ações interiores" (Schiller, 2002, p. 57). Contudo, tanto a razão teórica quanto a razão prática podem aplicar suas formas de maneira equivalente tanto ao que existe por natureza quando ao que existe por liberdade. A razão prática, quando aplica a sua forma a um objeto da natureza, do mesmo modo que a razão teórica aplica sua forma à liberdade, está emprestando ao objeto "uma faculdade de determinar a si mesmo, uma vontade, e o considera em seguida sob a forma dessa vontade *dele*" (Schiller, 2002, p. 59). No momento em que a razão prática descobre que o objeto é "determinado por si mesmo" ela lhe concede "similaridade à liberdade", ou seja, ela aplica a sua forma ao objeto de maneira a criar uma analogia com a liberdade, que, segundo Schiller, só é possível no suprassensível, nunca no mundo sensível. O objeto, portanto, apenas nos parece livre, na medida em que essa analogia à forma da razão prática não pode ser vista como liberdade de fato, "e sim meramente *liberdade no fenômeno, autonomia no fenômeno*" (Schiller, 2002, p. 59). A beleza, nesse espaço, é liberdade no fenômeno, pois se caracteriza por uma representação no objeto da natureza (do fenômeno) de uma propriedade do suprassensível (a liberdade).

Razão prática e determinação da vontade são, aqui, sinônimos,[3] pois, abstraindo de todo conhecimento, "a forma da razão prática é a ligação imediata da vontade com representações da razão, portanto, *exclusão de todo* fundamento de determinação *externo*" (Schiller, 2002, p. 57). Logo, Schiller (2002, p. 70) chega à conclusão de que beleza "é uma forma que não *exige nenhuma explicação* ou também que se *explica sem conceito*", e que, portanto, não é encontrada na razão teórica, e sim na razão prática, uma vez que a razão teórica requer conceitos, e a beleza é independente de conceitos.

A partir desse fundamento, Schiller (2002, p. 58) entende que a forma da razão prática no ajuizamento pode ser aplicada "ao que existe por ela mesma" ou "ao que não existe por ela mesma", e, assim, as ações provenientes dessas aplicações são denominadas ações livres no primeiro caso e ações não livres no segundo. As ações morais, constituídas de ações livres, são produto da aplicação da forma da

---

3. A razão prática enquanto vontade em Kant (1984, p. 123-124): "Tudo na natureza age segundo leis. Só um ser racional tem a capacidade de agir *segundo a representação* das leis, isto é, segundo princípios, ou: só ele tem uma *vontade*. Como para derivar as ações das leis, é necessária a *razão*, a vontade não é outra coisa senão razão prática. Se a razão determina infalivelmente a vontade, as ações de um tal ser, que são conhecidas como objetivamente necessárias, são também subjetivamente necessárias, isto é, a vontade é a faculdade de escolher *só aquilo* que a razão, independentemente da inclinação, reconhece como praticamente necessário, quer dizer, como bom. Mas se a razão só por si não determina suficientemente a vontade, se esta está ainda sujeita a condições subjetivas (a certos móbiles) que não coincidem sempre com as objetivas; numa palavra, se a vontade não é *em si* plenamente conforme à razão (como acontece realmente entre os homens), então as ações, que objetivamente são reconhecidas como necessárias, são subjetivamente contingentes, e a determinação de uma tal vontade, conforme a leis objetivas, é *obrigação (Nötigung)*; quer dizer, a relação das leis objetivas para uma vontade não absolutamente boa representa-se como determinação da vontade de um ser racional por princípios da razão, sim, princípios esses porém a que esta vontade, pela sua natureza, não obedece necessariamente."

razão prática a uma ação da vontade, ou seja, "da vontade determinada pela mera forma, portanto, autonomamente" (Schiller, 2002, p. 58). Elas acontecem quando o homem age segundo a vontade pura, e, desse modo, "uma ação da vontade não pode ser apenas análoga à liberdade; tem de ser – ou ao menos deve ser – efetivamente livre" (Schiller, 2002, p. 56).

Já nas ações não livres, de que são constituídos os objetos da natureza, a razão prática, ao ser aplicada nesse objeto que não existe por ela mesma, percebe nele uma autodeterminação, e lhe atribui "*similaridade à liberdade*", lhe emprestando a sua liberdade, que só é possível no suprassensível, porque todo objeto proveniente da natureza "nunca pode ser ajuizado como efetivamente *livre*, e sim apenas análogo à liberdade" (Schiller, 2002, p. 56).

De maneira equivalente, portanto, se dão os processos de ajuizamento do gosto e da moral; livres de qualquer fundamento de determinação que não seja em si mesmos, o gosto e a moral são juízos que compartilham uma pretensão à universalidade. Assim sendo (Schiller, 2002), ao se ajuizar efeitos não livres segundo a liberdade (que é a forma da vontade pura), ajuizamos a beleza, que nada mais é do que a analogia de um fenômeno que possui autodeterminação à liberdade; já o juízo de efeitos livres segundo a forma da vontade pura configura a eticidade, em que se concorda uma ação moral com a vontade pura. Logo, quando se ajuíza ações livres, temos um juízo moral; quando se ajuíza ações não livres, temos um juízo estético.

Segundo Claudia Jeanette Fischer (2007, p. 147), a razão prática no juízo do gosto deseja encontrar em ações não livres uma liberdade que só é possível em ações voluntárias (ações livres); por meio de um processo de analogia, a razão prática aplica a sua forma às ações não livres que "não podendo ser autônomas e livres, o aparentam ser". Assim, uma vez que é a aparência de liberdade que "desperta o (ou, antes, é despertado pelo) olhar estético", esse "parecer" ser livre é resultado de um desejo da razão prática, e a beleza como liberdade no fenômeno, portanto, é determinada de maneira subjetiva, pois "está relacionada com ações interiores (vontades)" (Fischer, 2007, p. 147).

Beleza e moral configuram duas porções da liberdade: como liberdade no fenômeno, a beleza é aquela à qual a razão prática empresta sua liberdade ao objeto; como categoria suprassensível, a vontade age segundo a sua própria liberdade. Por isso mesmo, uma ação moral não pode ser considerada uma ação estética, pois, se o fosse, retiraria à beleza dessa ação estética a propriedade de abstração de qualquer princípio constituinte desse objeto. A característica que deve ser levada em conta num juízo estético é, pura e simplesmente, a sua capacidade de autodeterminação, ou seja, sua aparência de liberdade no fenômeno; quando se atribui ao objeto uma utilidade, ou se destaca o material de sua constituição, quebra-se com a expectativa da razão prática de abstração de qualquer determinação exterior do objeto. A ação livre é constituída de liberdade; a ação não livre é constituída de uma liberdade aparente; para se conseguir avaliar uma ação moral por meio de um juízo estético seria necessário que essa ação moral aparecesse no fenômeno como não livre, ou seja, um produto da natureza e não da vontade.

Körner (2002, p. 77) argumenta com Schiller que uma ação moral, portanto, somente pode ser bela se parecer "um efeito da natureza produzido espontaneamente", pois somente assim a autonomia da vontade não prevaleceria à autonomia do fenômeno; elas coincidiriam: "por esta razão, o máximo da perfeição de caráter de um homem é a beleza moral, pois ela surge apenas *quando o dever tornou-se para ele em natureza*" (Körner, 2002, p. 77). Por conseguinte, Schiller (2002, p. 72) argumenta que "ainda que a beleza esteja presa apenas ao fenômeno, a *beleza moral* é um conceito ao qual corresponde algo na experiência", o que abre espaço para a configuração de um tipo de beleza que concilia a ação livre (moral) e a ação não livre (estética), ou seja, uma beleza moral que será desenvolvida no ensaio *Sobre graça e dignidade* através do conceito de graça.[4]

Até aqui, Schiller cumpre com a explicação subjetiva do belo. Falta, agora, a parte objetiva, que será formulada por meio do conceito de técnica. Como já foi dito, não é possível encontrar a liberdade no

---

4. Ver o item 2.2 deste capítulo.

fenômeno, mas apenas sua aparência. Assim sendo, Schiller (2002, p. 82) se coloca a seguinte proposição:

> Mas se as coisas, na medida em que acontecem no fenômeno, não possuem nem mostram liberdade, como se pode procurar nos fenômenos um fundamento objetivo dessa representação? Esse fundamento objetivo teria de ser uma tal propriedade dos mesmos, cuja representação nos *obriga* absolutamente a produzir em nós a ideia da liberdade e a referi-la ao objeto.

Schiller (2002, p. 83) parte então para a busca dessa propriedade objetiva dos objetos belos. Segundo o autor, tudo o que é passível de representação pelo homem é determinado, pois "o que não é representado é para nós tanto quanto algo não existente". Se toda determinação acontece de forma externa ou interna, tudo o que não é determinado do exterior logicamente deve ser determinado do interior. Um ser livre é aquele que é determinado por si próprio, ou seja, que é determinado do interior, que não possui nenhuma interferência externa; o objeto da natureza que aparenta liberdade, entretanto, Schiller denomina como não-ser-determinado-do-exterior, e explica que a negação do seu oposto positivo (o ser-determinado-do-exterior) se dá justamente por uma carência que é pressuposta no objeto, pois, como se trata de uma representação do ser-determinado-do-interior, portanto, da liberdade, falta-lhe conhecer o fundamento de determinação. Assim sendo, a representação da liberdade no objeto belo é determinada, portanto, proveniente de um determinante que desconhecemos. Se há algo no objeto que o determina, ou seja, uma qualidade interior que o distingue de qualquer determinação externa que se venha a fazer dele, é preciso que essa característica "estimule nosso impulso de conhecimento" (Schiller, 2002, p. 83) e nos leve a procurar o determinante desse determinado.

Ora, se a faculdade que busca o determinante para o determinado é o entendimento, ele "tem de ser provocado a refletir sobre a forma do objeto (...) pois o entendimento tem a ver apenas com a forma" (Schiller, 2002, p. 83). Enquanto faculdade que se baseia em regras, o entendimento exige que a forma do objeto admita uma regra para poder refletir sobre ela. O entendimento busca então uma regra que corresponda à forma desse objeto: como o julgamento aqui é estético, o entendimento não pode se aplicar ao conhecimento da regra, pois se o fizesse destruiria a aparência de liberdade do objeto. Nesse caso, a regra permanece indeterminada, pois a beleza não pode ser baseada em conceitos. Assim, Schiller (2002, p. 84) define que:

> Uma forma que indica uma regra (que se deixa tratar segundo uma regra) chama-se conforme à arte ou *técnica*. Apenas a forma técnica de um objeto provoca o entendimento a procurar o fundamento para a consequência e o determinante para o determinado; e na medida pois que uma tal forma desperta a necessidade de perguntar por um fundamento da determinação, assim a negação do *ser-determinado-do--exterior* leva aqui de modo inteiramente necessário à representação do *ser-determinado-do-interior* ou da liberdade.

Assim, a forma técnica do objeto é necessária para o estabelecimento da beleza, pois é ela que faz com que o entendimento seja impulsionado a buscar o determinante para o determinado. Dessa maneira, a determinação da regra interior do objeto se combina com sua forma exterior; enquanto o determinante é a essência do objeto, o determinado se traduz em sua forma.

A liberdade no fenômeno definida na explicação subjetiva da beleza é entendida por Schiller como a primeira condição fundamental do belo, a técnica, a segunda, pois é ela que nos conduz à liberdade no fenômeno. Portanto, para Schiller (2002, p. 85), "a liberdade no fenômeno é, a saber, o fundamento da beleza, mas a *técnica* é a condição necessária da nossa *representação* da liberdade"; a união dessas duas condições fundamentais é explicada da seguinte forma: "Beleza é natureza na conformidade à arte".

Nesse ponto, temos que explicar o que Schiller entende por natureza nesta sentença. Schiller (2002, p. 85) desenvolve aqui uma concepção estética de natureza, que equivale à essência interna de um objeto, sua individualidade: "esta é como que a pessoa da coisa, pelo que é diferenciada de todas as outras coisas que não são de sua espécie". Natureza é, nessa acepção, "o princípio interno da existência numa coisa, considerado ao mesmo tempo como fundamento de sua forma" (Schiller, 2002, p. 90). Se natureza é o que se determina a si mesmo, e arte, como equivalente do conceito de técnica, é o que se determina a partir de uma regra, "natureza na conformidade à arte" é explicada na sentença como aquilo que "dá regra a si mesmo – o que é através de sua própria regra. (Liberdade na regra, regra na liberdade)" (Schiller, 2002, p. 85). A regra (Schiller, 2002, p. 90), ao mesmo tempo em que é dada, é seguida pela essência do objeto em conformidade com a sua forma; essa qualidade objetiva dos objetos prescinde de um sujeito racional que ajuíze sobre ela, pois, mesmo sem esse sujeito, a qualidade objetiva do objeto permanece. A diferenciação de dois seres naturais, um provido de natureza em conformidade com a técnica e o outro não, comprova essa afirmação. Um ser natural que seja totalmente forma e que mostre "um domínio completo da força viva sobre a massa" se diferencia de um ser que é "subjugado por sua massa" (Schiller, 2002, p. 91), pois, nele, há a pura concordância de sua natureza com a sua forma.

Ainda assim, no juízo estético é imprescindível a inserção da razão prática, portanto, do elemento subjetivo, para a introdução da liberdade – que se encontra apenas na razão – no objeto; porém, não se pode negar que a qualidade objetiva desse objeto já possui o fundamento para receber essa aparência de liberdade que a razão lhe concede. Disso podemos depreender que a beleza se dá pela fusão de suas qualidades subjetiva e objetiva, mas que cada uma tem seu peso e sua medida na relação com belo, pois "unicamente a liberdade é o fundamento do belo; a técnica é apenas o fundamento da nossa representação da liberdade", e, portanto, a liberdade é o "fundamento imediato" do belo, enquanto a representação da liberdade (a técnica) é sua "condição mediata" (Schiller, 2002, p. 92).

Na última carta que aparece em *Kallias ou sobre a beleza*, enviada a Körner, Schiller chega ao ponto que mais nos interessa: a discussão sobre o belo da arte. Acompanhando o pensamento kantiano de que a arte tem de parecer natureza, assim como a natureza nos parece arte,[5]

---

5. "Em um produto da bela-arte é preciso tomar consciência de que é arte, e não natureza; mas no entanto a finalidade na forma do mesmo tem de parecer tão

Schiller (2002, p. 111) dispõe a caracterização do belo da arte como a imitação da natureza por meio de um material distinto, ou seja, imitação aqui "é a semelhança formal do materialmente diferente". O objeto da natureza é apresentado à nossa imaginação a partir da representação que dele se faz; essa apresentação, quando colocada diante da imaginação, evoca imediatamente a representação de um dado objeto da natureza. Dado que a natureza do objeto de imitação é, pois, representada na arte por meio de um *medium* diferente do seu, e que o artista que irá nos proporcionar essa imitação, por sua vez, também possui uma natureza própria, diferente da do objeto, "o objeto é pois colocado diante da imaginação por uma terceira mão" (Schiller, 2002, p. 112). O *medium* tem a sua própria individualidade e natureza; o que o artista quer representar também tem a sua própria individualidade e natureza; o próprio artista, que fará com que essas duas individualidades concordem, tem a sua própria natureza. Há, portanto, três naturezas diferentes "que lutam umas com as outras" (Schiller, 2002, p. 112). Se o belo da arte tem de aparecer como determinado por si mesmo, ou seja, tem de se apresentar diante da imaginação como se fosse natureza, a luta para a representação de um objeto livre se dá pela dificuldade em se tornar um material em imitação de outra coisa, que não pertence à sua natureza.

A arte que atinge essa representação livre é aquela que consegue, através do estilo,[6] a "suprema independência da apresentação perante todas as determinações subjetiva e objetivamente contingentes" (Schiller, 2002, p. 114), ou seja, é aquela em que a forma submeteu

---

livre de toda coação de regras arbitrárias, como se fosse um produto da mera natureza. [...] A natureza era bela, se ao mesmo tempo aparecia como arte; e a arte só pode ser denominada bela se temos consciência de que ela seja arte e, contudo, ela nos aparece como natureza." (Kant, 1984, p. 245)

6. Em tom desaprovador, Schiller diferencia o *estilo* de *maneira* : "Se num desenho há um único traço que torna reconhecíveis a pena ou o lápis, o papel ou a chapa de cobre, o pincel ou a mão que o realizou, então ele é *rígido* ou *pesado*; se nele é visível o *gosto peculiar* do artista, a natureza do artista, então ele é *amaneirado* " (Schiller, 2002, p. 114). Enquanto o estilo é o grau mais alto a que se pode chegar a representação de um objeto, a maneira é aquela que ainda deixa perceber o artista por trás da representação.

completamente a matéria que não era conforme ao objeto que se está representando;[7] há, nesse objeto, a identidade perfeita, pois ele é constituído de objetividade pura;[8] não encontramos nele os traços que deixam transparecer seu material ou o seu artista; a representação livre é autônoma, pois "o estilo é uma completa elevação sobre o contingente rumo ao universal e necessário" (Schiller, 2002, p. 114).

Por isso, no belo da arte o artista nos apresenta o produto de sua imitação da natureza como livre apresentação da verdade, posto que "toda beleza exige, como imitação da natureza, *verdade*" (Schiller, 2004, p. 33). A proposição kantiana aparece em Schiller (2002, p. 111), portanto, da seguinte forma: "Belo é um produto da natureza se aparece livremente em sua conformidade à arte"; "Belo é um produto da arte se apresenta livremente um produto da natureza."

No belo da arte, portanto, a apresentação é livre quando desaparecem a natureza do *medium* e qualquer característica do artista que possa ser impressa em sua obra: a forma é sobrelevada a qualquer material ou artista que participou na composição da obra. É interessante notar que Schiller (2002, p. 117) destaca o papel que a linguagem, enquanto categoria que "coloca tudo diante do *entendimento*", tem diante da bela arte que exige que tudo seja forma.

O material usado pelo poeta para a representação de um objeto da natureza são as palavras. Ainda que se possa pensar que a sua maior dificuldade de representação se encontre na impossibilidade de identidade material da palavra com seu objeto, Schiller (2002, p. 116) diz que "entre a *estátua* e o *homem*" essa identidade material também não é possível. No entanto, proceder uma imitação apenas formal da palavra com o objeto que se quer imitar também não é fácil, pois "a coisa e a sua expressão verbal são meramente contingentes e arbitrárias [...], estão ligadas umas às outras apenas por acordo" (Schiller, 2002, p. 116). Esse acordo exige que as palavras e as leis que as regem (regras

---

[7] "Numa obra de arte, portanto, o *material* (a natureza do elemento imitador) tem de se perder na *forma* (do imitado), o *corpo* na *ideia*, a efetividade no *fenômeno*." (Schiller, 2002, p. 113).

[8] "*Pura objetividade* da apresentação é a essência do bom estilo: o princípio supremo das artes." (Schiller, 2002, p. 114).

gramaticais, sintáticas) sejam universais, servindo de "signo, não a *um* indivíduo, e sim a um número infinito de indivíduos" (Schiller, 2002, p. 116). Cada indivíduo efetua o processamento desses signos buscando conceitos através de seu entendimento, o que prolonga o caminho que a apresentação da imitação poética tem que percorrer para chegar à imaginação. Acrescido a isso, a linguagem na apresentação de um objeto imprime nele a sua característica de universalidade, ou seja, na apresentação ela introduz uma heteronomia, pois é inserida nessa apresentação uma característica da linguagem, o que a faz deixar de ser determinada por si mesma. Assim, a linguagem, que "consiste pois numa tendência para o *universal*" (Schiller, 2002, p. 117), encontra um problema na designação de algo individual (o objeto que se quer imitar), sendo o poeta obrigado a trabalhar de tal forma, que, enquanto a linguagem "coloca tudo diante do *entendimento*" (Schiller, 2002, p. 117), o poeta deve transportar esse tudo para "diante da *imaginação*". Dessa forma, os conceitos devem se tornar "*intuições*", e a "*tendência da linguagem para o universal*" tem de ser superada de maneira a "*vencer o material* (palavras e suas leis de flexão e construção) *pela forma* (a saber, pela aplicação da mesma)" (Schiller, 2002, p. 118). A liberdade de uma apresentação poética bela é, portanto, "*a livre auto-ação da natureza nos grilhões* da linguagem" (Schiller, 2002, p. 118). Percebe-se que, nessas cartas, Schiller projeta um juízo estético puro, em que o olhar do ajuizador deve abstrair de qualquer finalidade a que o objeto sirva e apreender apenas sua aparência de liberdade, de autodeterminação. Constrói-se, a partir dessa abstração, um ideal que na verdade não existe, pois a liberdade tem moradia apenas no suprassensível. Portanto, se se admite que as obras de arte e os juízos do gosto, ainda que fixados em seus contextos de produção, estão voltados para um público ideal e exigem um juízo estético ideal, a beleza, enquanto aspirante a uma validade universal, necessita, ainda que arraigada ao mundo sensível, participar dessa forma de comunicação ideal para que seja reconhecida como tal no ajuizamento do gosto. Como cidadã de dois mundos, a beleza em Schiller (2008, p. 16) "recebe sua existência na natureza sensível e *adquire*, no mundo da razão, a sua cidadania".

Segundo Claudia Fischer (2007, p. 148), a descrição de beleza em Schiller tinha como pretensão a objetividade, mas o que conseguiu foi apenas uma descrição da "disposição contingente de traços do objecto que despertasse, por analogia, a ideia de liberdade entendida como autodeterminação". Ela acredita que Schiller constrói um argumento sedutor, mas que não consegue comprovar a existência de um princípio objetivo da beleza, "pois não pode conciliar duas proposições em que se apoia: a) de que a beleza é determinada pela natureza pura e b) de que a beleza é expressão de liberdade no fenómeno. Isto sem recorrer à intervenção – obviamente subjectiva – da razão prática" (Fischer, 2007, p. 148). O próprio Körner (2002, p. 62) argumenta com Schiller, nas cartas iniciais de *Kallias ou sobre a beleza*, que "seu princípio de beleza é meramente subjetivo", a que Schiller (2002, p. 66) responde que seu "princípio não é mais subjetivo do que tudo o que é derivado a priori da razão".

Apesar dos apontamentos de fracasso dessa tentativa de qualificação objetiva da beleza, que segundo Ricardo Barbosa (2002) é dominante nos comentadores de Schiller, devemos concordar com ele que, independente desse fracasso, o que ficou da proposição de Schiller foi "a possibilidade de uma reflexão sobre a reformulação do problema que lhe subjaz" (Barbosa, 2002, p. 26). Segundo Ricardo Barbosa (2002, p. 26), na introdução às cartas *Kallias ou sobre a beleza* (2002), "essa guinada do subjetivo ao objetivo, saudada por Hegel como um passo decisivo para a constituição estética, rompe assim os limites de uma crítica do gosto rumo a uma *doutrina* do belo, na qual Schiller viu espaço para uma 'nova teoria da arte.'" Schiller reconhece que a sua explicação da beleza como liberdade no fenômeno parte de um princípio realmente subjetivo, mas esse princípio não escapa de uma derivação *a priori* da razão, que pode ser comprovada pelo conceito de técnica que possibilita a inserção do subjetivo no juízo da beleza.

Ao se colocar possibilidade de uma qualidade objetiva da beleza, Schiller passou também a investigar as relações entre a beleza e a moralidade, culminando numa teoria estética que encontrou na arte a fonte de aprimoramento da moral humana. Ainda que sua teoria vise a um juízo estético puro, o que se nota no desenrolar de seus estudos estéticos, especificamente nas cartas *Sobre a educação estética do homem* (1794-1795), é que a atribuição que a arte tomará por encargo será a da educação estética do homem, contradizendo, portanto, esse princípio de julgamento estético kantiano, de não atribuição à arte de princípios que lhe sejam externos.

Schiller (2004) diz que estudou Kant a um ponto em que não mais seria o "repetidor" de suas ideias, mas sim um refutador das mesmas; sua intenção era atacá-lo justamente na afirmação de que não há um princípio objetivo para o gosto, o que é questionado a partir do conceito de técnica que ele explicita; sua evolução a partir de Kant vai levá-lo a uma representação de beleza que abarca o conceito moral, determinante para a proposta de educação estética.

2.2 A graça como expressão no fenômeno da harmonia entre sensibilidade e razão

Fruto dessas reflexões em *Kallias ou sobre a beleza* é *Sobre graça e dignidade* (Über Anmut und Würde). O ensaio, que foi escrito em seis semanas, desenvolve as ideias sobre beleza moral e beleza da estrutura humana apenas apontadas por Schiller nas cartas dirigidas a Körner, conceituando, dessa forma, as categorias graça e dignidade.

Partindo do mito em torno do cinto da sedução de Vênus,[9] Schiller delineia os parâmetros da graça no homem. O mito nos conta que Hera, na tentativa de ludibriar Zeus para ajudar os gregos na guerra de Tróia, recorre ao cinto da deusa Afrodite para seduzi-lo e fazê-lo sucumbir de amor perante seus encantos. A cinta "bordada e variegada, na qual estavam urdidos todos os encantamentos", tinha o poder de dar ao seu portador "o amor e o desejo", com que Vênus subjugava "todos os imortais e todos os homens mortais" (Homero, 2009, p. 288). Tomando a cinta, depois de realçar a beleza de seu corpo

---

9. A descrição do mito encontra-se na *Ilíada* de Homero, versos 153 a 360.

através de óleos, vestimentas, banhos etc., Hera parte ao encontro de Zeus, que (Homero, 2009, p. 288):

> Assim que a viu, o amor envolveu-lhe o espírito robusto,
> tal como quando primeiro fizeram amor,
> deitados na cama, às ocultas dos seus progenitores.

Dominado pelo desejo, Zeus diz a Hera (Homero, 2009, p. 288):

> Pois desta maneira nunca o desejo de deusa ou mulher
> me subjugou ao derramar-se sobre o coração no meu peito,
> nem quando me apaixonei pela esposa de Ixíon,
> que deu à luz Pirítoo, igual dos deuses no conselho;
> nem por Dânae dos belos tornozelos, filha de Acrísio,
> que deu à luz Perseu, o mais valente dos homens;
> nem pela filha do famigerado Féniz,
> que me deu como filhos Minos e o divino Radamanto;
> nem por Sémele ou Alcmena de Tebas,
> esta que deu à luz Héracles, seu filho magnânimo,
> ao passo que Sémele deu à luz Dioniso, alegria dos mortais;
> nem pela soberana Deméter das belas tranças;
> nem pela gloriosa Leto – e nem mesmo por ti própria
> me apaixonei como agora te amo, dominado pelo doce desejo.

Nenhuma das deusas ou mulheres que arrebataram Zeus pela beleza possuíam o encanto com que Hera se lhe apresentava agora. O poder de sedução a que Zeus sucumbiu partiu do cinto que a deusa portava; ainda que sua beleza fosse magnânima, afinal, ela era a esposa de Zeus, essa beleza não bastava para a dominação do deus por meio da sedução.

Segundo Schiller (2008, p. 8), os gregos, no mito, traduziram através de imagens aquilo que a razão ainda não conseguia explicar, e seu papel enquanto filósofo é transformar em conceitos essas "imagens das sensações". Assim, a partir desse mito, Schiller evoca uma discussão em torno dos tipos de beleza que são possíveis de serem encontrados no ser humano. O mito nos apresenta dois dados que serão de fundamental importância para o desenrolar do pensamento schilleriano. O primeiro é a introdução da deusa do amor e da beleza, Afrodite, como portadora do cinto do encanto; o segundo é a transmutação do encanto na forma de um cinto, que pode ser emprestado a outra pessoa, no intuito de lhe conferir a graça [*Anmut*] que pertence exclusivamente a ele.

Na mitologia grega, segundo o *Dicionário de Mitologia* de Pierre Grimal, a deusa do amor e da beleza, além de ser portadora do cinto da graça, anda sempre acompanhada pelas três Graças: Aglaia, Eufrosina e Tália, que também são divindades da beleza, e que "espalham a alegria na natureza e no coração dos homens" (Grimal, 1993, p. 75). A representação pelos gregos, no mito descrito acima, dessas divindades, da deusa Afrodite e do cinto da graça em separado, não constituindo uma única divindade que levasse consigo todos esses atributos unidos, dá a dimensão, para Schiller, de que a beleza e a graça são duas instâncias que não se pressupõem, ou seja, a beleza estrutural de Afrodite não precisa da graça para se firmar como beleza no mundo sensível, assim como a graça não precisa exclusivamente da beleza estrutural de Afrodite para exercer seu poder de sedução, pois ela pode ser aplicada a outra pessoa. Assim, apenas a beleza estrutural de Afrodite não garante a ela o poder de sedução; é necessário que essa beleza seja adornada com um cinto mágico para que haja o encantamento.

Adornada com óleos, vestimentas e demais acessórios que realçavam sua beleza, Hera ainda necessitava de um acessório que lhe garantisse a sedução. O cinto da graça, dessa forma, se diferencia dos demais adornos utilizados por Hera, pois se transforma em algo que é próprio da deusa, algo que a modifica de forma a fazer do poder de sedução uma característica sua, enquanto que os demais acessórios apenas garantem a ela uma impressão subjetiva, não transformando a qualidade em característica que faz parte de sua constituição. Se o cinto proporciona uma modificação interna, e os demais acessórios apenas a modificam aparentemente, logo, o cinto exprime, acertadamente, a imagem de um objeto separável da pessoa, um objeto material que traduz a mobilidade da graça, mas essa imagem ainda fracassa por ser um adorno externo à pessoa, e não uma propriedade pessoal. No entanto, os gregos encontraram nesse objeto material, ainda que falho, "uma expressão para o que se encontra fora da natureza, no reino da liberdade" (Schiller, 2008, p. 9).

Desses dados, Schiller extrai a seguinte conclusão: há, no ser humano, uma beleza da estrutura, que se refere à beleza do corpo humano, da qual se diferenciará uma beleza móvel, "que nasce no seu sujeito de modo contingente e que pode cessar do mesmo modo" (Schiller, 2008, p. 8). Enquanto a beleza da estrutura faz parte do sujeito, é *fixa*, e, portanto, impossível de ser retirada dele, a graça, como beleza móvel, pode ser excluída do sujeito sem que isso interfira em sua constituição. Assim o mito ganha sua validade filosófica, pois também postula que "Toda graça é bela, pois o cinto da sedução é uma *propriedade* da deusa de Cnido, mas nem todo belo é graça, pois, mesmo sem este cinto, Vênus permanece o que é" (Schiller, 2008, p. 7). Portanto, o mito nos apresenta dois tipos de beleza: uma beleza da estrutura, a qual é representada pela deusa Afrodite; e uma beleza móvel, representada pelo cinto mágico. A primeira é denominada por Schiller como beleza arquitetônica (*architektonische Schönheit*); a segunda, graça (*Anmut* ou *Grazie*).[10] A beleza arquitetônica é aquela que provém exclusivamente da natureza e que não é orientada por nada que não seja a própria natureza – é a beleza de Vênus sem o cinto do encanto. Ela é, portanto, uma obra da natureza que visa a atender exclusivamente aos seus fins, diferenciando-se da graça que é proveniente apenas da liberdade.

Continuando a exposição do conceito de técnica iniciado em *Kallias ou sobre a beleza*, Schiller (2008) dirá que a perfeição técnica da formação humana se constitui do valor material que cada parte de sua constituição tem em relação ao seu fim último. Ela é "a união do múltiplo segundo fins, e é necessária à beleza, ainda que esta não se funde no ajuizamento da técnica" (Schiller, 2004, p. 67). Portanto, a perfeição técnica é aquela que se caracteriza pela concordância do múltiplo do objeto com a unidade de seu conceito, que foi delimitado

---

10. Schiller utiliza os dois termos para se referir à graça como categoria estética, portanto na obra do autor os dois termos são sinônimos.

pela natureza. Na contemplação da beleza, a técnica não nos interessa, pois o que é levado em consideração no juízo estético é a forma em si, que suscita a beleza na medida em que faz o entendimento buscar um conceito que não pode ser determinado. A beleza arquitetônica é, desse modo, a aparência no fenômeno, que não leva em consideração a parte lógica da constituição do homem; nela, não são avaliados os valores materiais que são uma finalidade da natureza, mas ao juízo estético interessa somente a representação da beleza no fenômeno, sua aparência. Enquanto a técnica é o múltiplo de que é constituído o ser, a beleza arquitetônica é o produto final dessa constituição, é a unidade que a técnica possibilita.

Na qualidade de propriedade exclusiva da natureza, a beleza arquitetônica (Schiller, 2008, p. 13) exclui qualquer juízo mediato que se venha a atribuir-lhe a partir da técnica, pois esta caracteriza a destinação do homem, o fim a que a natureza visou em sua constituição, portanto, sua humanidade; a beleza arquitetônica está fundada na independência de qualquer conceito que o entendimento possa atribuir à sua técnica, e seu julgamento deve ocorrer sempre de forma imediata. Porém, Schiller (2008, p. 14) admite que a inteligência do homem pode participar da beleza apenas quando:

> sua expressão no fenômeno, *coincide*, ao mesmo tempo, com as condições sob as quais o belo se produz no mundo sensível. A beleza mesma, a saber, sempre tem de permanecer um efeito livre da natureza e a ideia da razão, que determinou a técnica da estrutura humana, nunca pode *conceder-lhe* a beleza, mas apenas *permiti-la*.

Assim, Schiller (2008, p. 13) entende que a razão não pode interferir na beleza da estrutura humana, nem tampouco a dignidade humana pode ser entendida sob o estatuto de que eleva a beleza arquitetônica; a dignidade não assegura ao homem a beleza de sua estrutura, e o entendimento somente participa da beleza na medida em que a técnica que estrutura a forma passa pelo crivo do entendimento que lhe atribui um fim. Diferentemente da técnica, a beleza da estrutura não precisa, de modo algum, de uma finalidade para que seja considerada bela.

Tal como ocorre em *Kallias ou sobre a beleza*, Schiller (2008, p. 16), em *Sobre graça e dignidade*, retoma o pensamento de que a razão toma o fenômeno como meio de expressão de ideias, em que um objeto da natureza torna-se representação ou expressão de um conceito de razão, tratando "algo meramente sensível de modo supra-sensível", processo esse que conforma o ajuizamento da beleza.

Constituído objetivamente na natureza, o objeto belo é encarado de modo subjetivo quando a razão o toma como uma ideia transcendente "e imprime nele, por assim dizer, o seu selo, ao qual ela empresta um significado superior" (Schiller, 2008, p. 16), configurando, assim, a ideia de beleza como cidadã de dois mundos. Sendo a capacidade de ser sensível e racional o que garante humanidade ao homem, assim, a beleza que faz parte do sensível, também faz parte de sua humanidade. No entanto, relegá-la apenas ao sensível se torna incoerente na medida em que ela agrada à nossa razão: "E, contudo, é tão certo que o belo *agrada à razão* quanto é determinado que ele não se baseia em nenhuma propriedade do objeto que apenas fosse descoberta pela mesma" (Schiller, 2008, p. 15).

O juízo do gosto, nesse espaço, também participa desses dois mundos na medida em que leva um princípio de razão para o objeto material proveniente da natureza e que induz uma "inclinação do sentido para o *racional*" (Schiller, 2008, p. 17). Essa troca mútua o faz instaurar, de certo modo, no mundo sensível o reino da liberdade, somente possível no suprassensível. A razão, desse modo, deve possuir um fundamento que ligue uma ideia sua ao fenômeno, assim como no objeto do fenômeno deve existir um fundamento que suscite essa ideia na razão. Sem essa ideia ligada ao fenômeno não existiria a beleza, portanto, a beleza arquitetônica pode ser entendida como "*a expressão sensível de um conceito de razão*" (Schiller, 2008, p. 18). Nessa instância ela se assemelha a qualquer objeto belo da natureza, porém, o que a diferencia em grau de beleza – não em exposição, porque toda beleza revela apenas o lado sensível de seu objeto – é que a perfeita coincidência entre a ideia da razão e a estrutura formada pela natureza, assim como também a perfeita concordância entre a técnica e seu produto final, que supre as necessidades que a natureza exigiu, são permitidas pela razão (Schiller, 2008, p. 18):

> A razão, com efeito, segue seus fins com severa necessidade na técnica do homem, mas felizmente suas exigências coincidem com a necessidade da natureza, de modo que a última cumpre a missão da primeira, na medida em que ela age apenas segundo sua própria inclinação.

Somente na beleza arquitetônica, pois, a necessidade da natureza recebe a ajuda do entendimento que irá determiná-la, o que autoriza Schiller (2008, p. 18) a dizer que a razão permite à beleza sua expressão no fenômeno.

O homem, entretanto, ao mesmo tempo em que é natureza, é pessoa, que sente e quer, e que por isso pode determinar a si diferentes estados em sua liberdade: "O modo do seu aparecer [*Erscheines*] é dependente do modo do seu sentir [*Empfindens*] e querer [*Wollens*] e, portanto, de estados que ele mesmo determina em sua liberdade e não a natureza, segundo a sua necessidade" (Schiller, 2008, p. 19). E é aqui que Schiller começa a delimitar o seu conceito de graça.

Segundo Schiller (2008), o homem, como ser sensível e racional, tem suas leis fornecidas pela natureza, porém, seu espírito é quem decide em que casos essas leis serão aplicadas. Essa divisão de tarefas, entre a natureza e a liberdade do homem, faz com que a última ganhe em importância no processo de "aparecer" do homem, principalmente em seus movimentos. No mito, o cinto, como objeto separável da pessoa, não causa nenhuma modificação na estrutura de seu portador; Schiller então encontra no movimento do corpo humano o único equivalente para essa imagem que o cinto evoca. A natureza, dessa forma, passa a compartilhar com o espírito do homem o domínio das forças que o movem, e, por meio do arbítrio, da liberdade de decisão, o espírito pode fazer uso dos instrumentos da natureza, que apenas pode cuidar da beleza que ela determinou no fenômeno. A beleza arquitetônica, enquanto produto da natureza, que não é orientada por nada que não seja a própria natureza, deixa transparecer uma beleza que se orienta segundo as condições da liberdade, em que apenas o espírito pode impor condições e determinar seu uso. A estrutura física do homem foi feita pela natureza e traduz um conceito universal de humanidade; no entanto, essa forma também pode ser acompanhada de movimentos que manifestem a liberdade do homem perante a estrutura que a natureza lhe fixou; enquanto a estrutura é apenas a imagem de um conceito, a liberdade efetiva esse conceito, dando ao homem a concretização de sua humanidade.

Se o espírito do homem toma para si o governo daquilo que a natureza criou, ele assume o lugar desta em parte das funções que antes era dirigida sob o poder exclusivo da natureza, e, assim, a liberdade passa a "governar agora a beleza" (Schiller, 2008, p. 20): "A natureza deu a beleza da estrutura, a alma dá a beleza do jogo. (...) Aquela é um *talento*, esta, um *mérito pessoal*." Assim, a graça, enquanto expressão da alma do homem no fenômeno, pode ser entendida como uma beleza que é determinada no fenômeno não mais pela natureza, mas sim pela própria pessoa; ela é, pois, um tipo de beleza que pertence somente ao movimento e que deixa transparecer o caráter moral do homem, daí a caracterização dada por Schiller da graça como um "mérito pessoal".

Ao apontar a imagem do cinto da graça como falha, Schiller tinha em mente apenas o seu fracasso enquanto objeto que não consegue representar a modificação interna que ocorre no homem na expressão da graça. Porém, para os gregos, a matéria moral não está dissociada à natureza, porque a unidade humana é símbolo de beleza e de perfeição, o que lhes permite plenamente utilizar um objeto sensível na representação de uma instância suprassensível: "Assim como ele logo figura um corpo [*anbildet*] para cada ideia e também se empenha em dar corpo [*verkörpen*] ao mais espiritual, ele exige, portanto, ao mesmo tempo, de toda ação do instinto no homem uma expressão de sua destinação ética" (Schiller, 2008, p. 11). A unidade do homem grego possibilitava a ele que qualquer movimento seu fosse uma expressão de sua destinação ética, até mesmo movimentos provenientes puramente do instinto.

Ao homem moderno fragmentado, essa prerrogativa se torna impossível, pois nele a razão e o sensível encontram-se separados, e, portanto, movimentos provenientes do desejo ou do instinto têm como fonte unicamente a sensibilidade, e, assim, não são expressão de sensações morais. Schiller então irá definir que há determinados movimentos que podem expressar beleza. Se nem todos os movimentos são dotados de graça, mas apenas aqueles que são movidos pela liberdade podem demonstrar tal tipo de beleza, Schiller (2008, p. 22) diferencia duas categorias de movimentos no homem: movimentos voluntários, que partem da vontade da pessoa (nesse caso, pessoa tem o sentido de instância moral) "se quer realizar um efeito representado no mundo sensível"; e movimentos simpáticos, que "ocorrem sem a vontade da pessoa, segundo uma lei da necessidade – mas por ocasião de uma sensação" (Schiller, 2008, p. 22). Os movimentos graciosos pertencem a essa última categoria, compreendendo os movimentos involuntários, que não podem ser confundidos aqui com os movimentos ocasionados pela faculdade sensível do sentimento ou por um impulso da natureza, mas apenas aqueles movimentos "que acompanham a sensação moral ou a disposição moral" (Schiller, 2008, p. 22).

Segundo Schiller (2008, p. 24), no movimento voluntário refletimos antes de executá-lo, ou seja, criamos um fim para esse movimento, e, portanto, ele não pode ser entendido como uma exposição da disposição da pessoa, pois já passou pela triagem da reflexão, e, portanto, temos apenas que decidir a maneira de efetivá-lo: não o executamos naturalmente, mas o criamos de forma a exibir apenas a aparência que desejamos. Aqui, a ação do ânimo já passou quando o movimento é concretizado.

Já no movimento simpático (Schiller, 2008, p. 24), a ação do ânimo acompanha o movimento, que segue a sensação na execução, e, portanto, não pensamos antes de executá-lo, apenas nos deixamos levar por essa sensação. Assim, no movimento voluntário decidimos se ele expressará a disposição moral da vontade ou se simulará sobre ela; no movimento simpático não existe esse poder de decisão: ele necessariamente expressará a disposição do ânimo no instante de sua execução. Desse modo, não é possível dizer que os movimentos voluntários expressam a alma da pessoa, mas apenas os movimentos involuntários têm esse poder.

O exemplo utilizado por Schiller (2008, p. 23) para explicar a dinâmica é bem simples: nos movimentos voluntários, que visam a um fim, como estender o braço para pegar um copo, por exemplo, há diversos movimentos involuntários que partem do estado de sensação moral; ao estender o braço, não calculamos o caminho que nosso braço fará, ou como ele irá se portar para pegar o copo, ou de que maneira estará disposta a nossa mão; tudo parte de um movimento involuntário, que disporá a maneira com que realizaremos o fim. A graça, assim sendo, poderá ser encontrada nesse patamar de movimentos involuntários; tudo dependerá da disposição moral da pessoa que executa esse movimento.

Ainda que correspondam a diferentes formas de expressão do homem, os movimentos voluntários e simpáticos não estão separados efetivamente, pois "a vontade, como causa *daqueles* [dos movimentos voluntários], se determina segundo sensações morais nas quais *estes* [movimentos simpáticos] têm origem" (Schiller, 2008, p. 23). Assim, nos movimentos voluntários podem ser percebidos também os involuntários, que são seus acompanhantes e traduzem aquilo que a vontade não deixou claro nos movimentos voluntários. Como são somente provenientes de sensações morais, eles servem de modo de expressão para determinação ética do homem: ao presenciar um movimento gracioso, enxergamos no outro como ele lida com seu sentimento ético, pois o que a graça está expressando nesse momento é justamente isso.

Entretanto, segundo Schiller (2008, p. 25), se o homem consegue manipular seus movimentos de tal forma que passa a controlar até mesmo os movimentos involuntários, nesse homem tudo será artificial, e, portanto, tudo nele será mentira. A graça, como expressão, necessita aparecer como movimento involuntário para ganhar sua expressão de verdade, por isso, a inocência pode ser tida como chave da disposição moral nesses movimentos: "a Graça, ao contrário, tem de ser sempre natureza, isto é, involuntária (ao menos parecer assim), logo, o sujeito mesmo nunca pode aparentar como se soubesse da *sua graça*". A graça deve acompanhar os movimentos voluntários a partir de movimentos involuntários, e não ser em si um movimento voluntário. Devemos procurar nesses movimentos voluntários aquilo que não é intencional, mas que reflete o ânimo da pessoa; esses são os movimentos que possuem verdade, pois neles não há a intenção de se fazer parecer algo, mas sim a reflexão direta da disposição moral do homem.

Assim, a beleza, que nasce de modo casual, acompanhando os movimentos voluntários do homem, age expandindo seu poder "acima de todas as coisas naturais" (Schiller, 2008, p. 9). Nela, o reino da liberdade se estabelece e o homem transforma-se em criador de si próprio, e não criatura como os demais animais, pois à sua formação une-se a sua liberdade enquanto ser de vontade; ele é, portanto, seu criador na medida em que a liberdade influi em sua formação, que ultrapassa aquilo que dele fez a natureza enquanto estrutura física. Entretanto, o homem também faz parte do fenômeno, e não pode sacrificá-lo para viver somente por meio do sentimento moral; para concretizar a sua participação, a natureza impõe ao homem necessidades, que dele fazem exigências. Ainda assim, o sentimento moral busca no fenômeno um meio favorável para revelar sua vontade, e esse meio se traduz na graça.

Essa fragmentação do homem moderno não existia para os gregos, o que os impede a separação de natureza e eticidade: a expressão de uma depende da outra e vice-versa, e, portanto, o movimento voluntário não pertence apenas a uma instância, mas abarca como expressão as duas. Devido a essa característica una, a expressão da graça será, para os gregos, a expressão da alma em movimentos voluntários. Portanto, o mito grego representa, no cinto do encanto, essa junção entre o material e o ideal que pressupõe a transposição desse ideal para um objeto material: o cinto é a representação da matéria pertencente à natureza, que, por sua vez, transfere ao seu portador o ideal, aquilo que somente é possível no reino da liberdade. O material expressa o espiritual, formando, assim, a unidade perfeita.

Desse modo, Schiller concebe a graça como uma beleza que recria no homem a unicidade, pois nela participam o espírito e a natureza de forma harmônica: aquele não viola as exigências que lhe faz o sentido, e esta expressa a vontade do espírito de forma fiel. Se o espírito forçasse a natureza a expressar sua vontade de forma a violar suas leis, não haveria beleza; se a natureza não permitisse a expressão do espírito e deixasse livre o curso da sensibilidade, faltaria a beleza do jogo. Assim, a destinação ética do homem deve guiá-lo no proveito de sua aptidão moral por meio de ações que expressem essa destinação. A beleza sustenta a possibilidade de liberdade moral do homem na medida em que garante a simultaneidade das duas leis que o regem: o sensível e o formal.

Quando o homem vive de forma a não interferir no que a natureza fez dele, quando não impõe sua vontade e liberdade diante das forças naturais, a sua beleza arquitetônica é favorecida. Contudo, segundo Schiller (2008), a natureza recobra da pessoa a tranquilidade que lhe forneceu, e então começa o seu trabalho de deformação dessa beleza arquitetônica, e os traços, antes belos e sinuosos, aprofundam-se em rugas que desfazem a beleza. É, portanto, a partir de um espírito ativo que o homem consegue driblar a natureza e impor suas características na composição de sua estrutura. Enquanto expressão da bela alma no fenômeno, a graça confirma que o homem está no caminho certo em relação à sua destinação ética e lhe garante a beleza (Schiller, 2008, p. 32):

> A razão exige, portanto, tão rigorosamente uma expressão da eticidade quanto o olho exige inexoravelmente a beleza. [...] Aquele estado de ânimo [*Gemütsverfassung*] do homem pelo qual ele é mais capaz de realizar a sua destinação como pessoa moral tem de permitir uma tal expressão que também lhe seja mais favorável, como mero fenômeno. Em outras palavras, sua aptidão ética deve se revelar pela Graça.

A conciliação de dois elementos contraditórios entre si, a liberdade do homem, que se encontra "fora do mundo", e a beleza, que se encontra necessariamente "dentro do mundo" (Schiller, 2008, p. 33), tem como resultado a graça. A liberdade parte unicamente do suprassensível que é fundamentado no ânimo; o espírito não produz a beleza, pois ela é produto do sensível; no jogo entre a beleza sensível e a liberdade suprassensível surge a graça como expressão da bela alma no fenômeno. Assim, a leveza é considerada por Schiller como o caráter universal da graça, porque parte de uma comunhão, não de uma coerção. Portanto, Schiller (2008, p. 30) acredita que quando o homem apresenta um "espírito ativo", muito semelhante ao espírito do homem antigo, capaz de dominar todos os movimentos do corpo, ele pode até mesmo modificar as "formas fixas da natureza", pois a sua alma passa a transparecer em cada movimento articulado, mesmo os voluntários; ainda que a vontade não alcance aquilo que a natureza fez da estrutura do homem, ela pode transformar em traços fixos os vestígios de movimentos graciosos que se tornaram habituais e deixaram sua marca: "Por fim, até mesmo o espírito *forma* para si seu corpo e a *estrutura* mesma tem de seguir o *jogo*, de modo que a graça, por fim, não raro se transforma em beleza arquitetônica" (Schiller, 2008, p. 21).

Essas constatações de Schiller deram embasamento para a configuração de um processo de superação do dualismo kantiano por meio da teoria do jogo dos impulsos, culminando, assim, na proposta de uma arte como fonte de aprimoramento dos sentimentos humanos, como base para a formação do homem para a liberdade, que será fundamentada nas cartas *Sobre a educação estética do homem*. Porém, em *Sobre graça e dignidade* já se encontra a descrição inicial desse processo de jogo entre os impulsos.

Segundo Schiller (2008, p. 35), há três maneiras de o homem relacionar sua parte sensível com a racional: pela supressão da parte sensível pela parte racional; pela submissão da parte racional à parte sensível; e pela harmonia entre as duas partes e, consequentemente, a unificação do homem. Na primeira, o estado do homem se torna incompatível à graça e à beleza, pois nenhuma das duas pode aparecer em estado de coerção do sensível pela razão. Na segunda, a natureza reina soberana, oprimindo qualquer traço racional em favor de um desejo irresistível que deve ser saciado. Aqui, nem a beleza nem a graça ganham forma porque não há expressão de qualquer traço suprassensível que as possibilite. Na última, há a harmonia completa entre razão e sensibilidade, pois nenhuma das duas instâncias impõe sua dominação sobre a outra, possibilitando, assim, a beleza do jogo.

Essa descrição será fundamentada nas cartas *Sobre a educação estética do homem*, de maneira a ensinar o homem a agir esteticamente no mundo, possibilitando o surgimento de um ideal de humanidade.[11]

A partir do conceito de graça, Schiller elabora em seu ensaio suas primeiras questões sobre moral, e sua inovação em relação à ideia de dever de Kant reside justamente em trazer o sensível como algo positivo para a constituição moral do homem. Kant rechaça a satisfação dos sentidos, pois esta pode nos expor ao vício e à corrupção moral; não há que se conciliar dever e inclinação, e, portanto, a inclinação não pode nos fazer agir moralmente, só a lei moral. Para ele, "uma inclinação física (que se funda em impulsos sensíveis) para qualquer uso da liberdade, seja para o bem ou para o mal, é uma contradição" (Kant, 1992, p. 37). Assim, há somente três elementos de determinação do homem: a sua disposição para a animalidade, pois é um ser proveniente da natureza; a sua disposição para a humanidade, pois, além de natureza, o homem também é racional; e a sua disposição para a sua personalidade, pois é um ser "racional e, simultaneamente, *susceptível de imputação*" (Kant, 1992, p. 32). A lei moral, o dever, está presente no último item de determinação do homem, e, portanto, a inserção de qualquer elemento sensível nessa instância torna-se contraditória.

Para Schiller (2008, p. 39), a filosofia moral kantiana expressa a ideia do dever "com uma dureza diante da qual toda a Graça recua e que poderia facilmente induzir um entendimento fraco a buscar a perfeição moral na via de um ascetismo obscuro e monástico",

---

11. Ainda assim, a relação perfeita entre o sensível e o racional, admitida por Schiller (2008, p. 37) como possível apenas em um estado ideal, é, porém, advertida por ele como perigosa, pois a nossa obediência à razão só se torna um objeto da inclinação quando esta encontra na obediência um "motivo de contentamento". Sem esse movente, a inclinação recusa-se a entrar em acordo com a razão, e, portanto, a relação entre inclinação e o sentimento ético é perigosa na medida em que não conseguimos nos certificar de que a inclinação não está impondo seu domínio sobre a razão. De tal modo, Schiller acredita que é preferível ver a inclinação em "guerra" com a lei da razão do que de acordo com ela, pois somente assim tem-se a certeza do que a inclinação pretende. A graça, portanto, não garante que a inclinação não está agindo sobre a vontade e transformando em movimentos involuntários belos uma ação que não acompanha a moral.

ou seja, que renuncia a qualquer papel da natureza sensível em seu desenvolvimento e que parte apenas de princípios morais. Schiller esclarece que essa não fora a intenção de Kant, entretanto, a rigidez com que ele tratou do tema levou muitos a crerem na sua filosofia dessa forma. Segundo Schiller (2008, p. 39), Kant procedeu de tal maneira devido à lassidão moral que se encontrava sua época, em que os princípios morais eram baseados em um "materialismo grosseiro", que apenas se confirmava pela "indigna complacência dos filósofos". Kant, portanto, necessitava combater a sensibilidade de forma que seus fundamentos se sobressaíssem aos perigos a que a sensibilidade estava submetendo os homens:

> Ele [Kant] dirigiu, portanto, a mais poderosa força dos seus fundamentos para onde o perigo era mais declarado e a reforma, mais urgente, e tornou em lei perseguir sem indulgência a sensibilidade tanto aí onde ela escarnece com audaciosa fronte do sentimento ético quanto no véu imponente de fins moralmente louváveis, no qual, em particular, um certo espírito de ordem entusiástico sabe encobri-la. (Schiller, 2008, p. 40)

Schiller, por sua vez, acredita que seria possível dar crédito à sensibilidade, não atribuindo à razão tanta rigidez. Para ele, tanto o escravo da sensibilidade quanto o homem verdadeiramente ético participam de uma coerção, que, em um, é a corrupção da vontade e, em outro, é uma coerção da sensibilidade pela vontade pura, e, portanto, não há expressão da humanidade quando se desfaz de uma das instâncias que constituem verdadeiramente o homem. É interessante notar que Schiller (2008, p. 41) ressalta a proximidade que a vontade tem com a faculdade da sensação; para ele, a vontade faz "uma conexão mais imediata com a faculdade da sensação que com a do conhecimento e, em muitos casos, seria ruim se ela tivesse de se orientar primeiro junto à razão pura". Assim como a natureza deu ao homem a possibilidade de pensar racionalmente, cabe a ele não escapar à sensibilidade própria da natureza, ou seja, cabe a ele não se fragmentar a ponto de dissociar as duas instâncias de que é constituído o seu ser: razão e sensibilidade.

Diante disso, segundo Safranski (2006), Schiller, por meio do ensaio *Sobre graça e dignidade*, faz com que Kant abrande a rigidez com que tratou o dever, admitindo a graça como companheira da virtude, o que é assentido na segunda edição de seu livro *A religião nos limites da simples razão* numa nota de rodapé, em que Kant (1992, p. 29-30, nota n. 6) qualifica o escrito de Schiller como magistral, e diz que se sente induzido a abrandar seu conceito de moralidade:

> O Sr. Prof. Schiller, na sua dissertação, composta com mão de mestre, sobre *graça e dignidade* na moral [Thalia 1793, n° 3] desaprova este modo de representação da obrigação, como se comportasse uma disposição de ânimo própria de um Cartuxo; mas por estarmos de acordo nos princípios mais importantes, não posso estabelecer neste um desacordo; contanto que nos possamos entender um ao outro. – Confesso de bom grado que não posso associar *graça* alguma ao *conceito de dever*, justamente por mor da sua dignidade. Com efeito, ele contém uma compulsão incondicionada, com a qual a graça se encontra em contradição directa. A majestade da lei (igual às leis do Sinai) inspira veneração (não timidez que repele, também não encanto que convida à confiança), que desperta *respeito* do subordinado ao seu soberano, mas que neste caso, em virtude de o senhor residir em nós próprios, desperta um *sentimento do sublime* da nossa própria determinação, que nos arrebata mais do que toda beleza. – Mas a *virtude*, i.e., a intenção solidamente fundada de cumprir exactamente o seu dever, é nas suas consequências mais *benéfica* do que tudo o que no mundo a natureza ou a arte consegue realizar; e a imagem esplêndida da humanidade, apresentada nesta sua figura, permite muito bem a companhia das *Graças*, as quais, porém, quando ainda se fala apenas de dever, se mantêm a uma distância reverente. Se, porém, se olhar para as consequências amáveis que a virtude, se encontrasse acesso em toda a parte, estenderia no mundo, então a razão moralmente orientada põe em jogo a sensibilidade (por meio da imaginação).

Aqui, Kant admite que suas perspectivas não se diferem tanto assim em relação às de Schiller, mas que não consegue associar a graça ao dever, pois este refere-se justamente à dignidade e deve estar dissociado da inclinação, que nem de longe pode acompanhá-lo. Porém, isso não o impede de admitir que a virtude pode ser dotada de graça, porque ela já possui em seu cerne a moral devidamente acertada, o que permite a entrada da sensibilidade, a partir da imaginação, em jogo.

Mesmo assim, na contramão do pensamento kantiano, Schiller estabelece o sensível como parte integrante para o desenvolvimento da liberdade do homem, que não deve separar aquilo que o compõe: ele é um ser natural e racional, e deve conciliar estas duas instâncias para se tornar um ser humano completo. Ainda que opositivas objetivamente, subjetivamente essas duas instâncias devem ser combinadas, unindo prazer e dever: "ele [o homem] deve obedecer com alegria à sua razão" (Schiller, 2008, p. 38).

Percebe-se que Schiller deixa ressoar através dessas características o princípio estético como análogo a um princípio de religião que busca unificar o homem depois de este ter passado por um processo de fragmentação: por meio da bela arte é possível encontrar o caminho para unicidade. No poema "Os artistas" ("Die Künstler"), de 1789, Schiller traça uma linha do tempo do desenvolvimento da arte, e, consequentemente, do desenvolvimento humano, estabelecendo um contraponto entre a arte produzida pelo homem em estado de inocência e em estado de razão. Iniciando pelo seu despertar para a aparência, Schiller nos diz que a beleza grandiosa já estava revelada ao homem naturalmente em seu estado de inocência, e que, a partir de sua atração por ela, a primeira obra de arte desenvolvida por ele foi feita por suas mãos através daquilo que era proveniente da natureza. A isso se seguiu a habilidade do homem de representar a si mesmo, e logo ele já era capaz de traduzir em imagens seus pensamentos. Portanto, para Schiller (1950, p. 135), a beleza funcionou como meio para a inserção do homem no "país do conhecimento": "*Nur durch das Morgentor des Schönen/ Drangst du in der Erkenntnis Land.*"[12]

Ainda na poesia antiga, na épica de Homero e nas tragédias antigas gregas, percebe-se que a harmonia reinava no homem, que não fazia distinção entre aquilo que dele exigia a necessidade ou

---

[12]. "Somente através do portal matinal da beleza penetras tu no país do conhecimento."

a razão, pois as duas estavam em perfeita consonância (Schiller, 1950, p. 144):

> *Gelassen hingestützt auf Grazien und Musen,*
> *Empfängt er das Geschoß, das ihn bedräut,*
> *Mit freundlich dargebotnem Busen*
> *Vom sanften Bogen der Notwendigkeit.*[13]

Com a alegoria da expulsão do homem pelo Criador do paraíso da perfeita harmonia, no entanto, Schiller descreve a amplitude que o pensamento racional alcançou, ocasionando sua fragmentação nas instâncias sensível e racional, que teriam de ser reunidas novamente depois de um processo árduo e longo que o encaminharia em direção à luz. Nesse processo, a razão do homem deveria alcançar total maturação para que fosse possível a apreensão da beleza proveniente de sua harmonia. O homem moderno assim fragmentado já não mais tem a beleza revelada a ele de forma natural como em seu estado de inocência; a razão que a ele sobreveio cultivada pela beleza, penosamente busca encontrar a beleza proveniente do estado de conciliação entre sua razão e sua sensibilidade. Assim, a razão somente a encontra depois de ter chegado à "velhice", percorrendo o árduo caminho em busca de reconciliação. Em vista disso, no poema, a beleza que era sentida pelo homem antigo em estado de razão deverá retornar como verdade (Schiller, 1950, p. 135-136):

> *Die, eine Glorie von Orionen*
> *Ums Angesicht, in hehrer Majestät,*
> *Nur angeschaut von reineren Dämonen,*
> *Verzehrend über Sternen geht,*
> *Geflohn auf ihrem Sonnenthrone,*
> *Die furchtbar herrliche Urania,*
> *Mit abgelegter Feuerkrone*
> *Steht sie - als Schönheit vor uns da.*
> *Der Anmut Gürtel umgewunden,*

---

13. "Apoiado tranquilamente sobre Graças e Musas, recebe ele com o peito, que oferece amigavelmente, o dardo iminente do suave arco da necessidade."

Wird sie zum Kind, daß Kinder sie verstehn:
Was wir als Schönheit hier empfunden,
Wird einst als Wahrheit uns entgegengehn.[14]

A deusa da beleza aqui retorna adornada com seu cinto gracioso, porém, dessa vez, sua forma é a da inocência, representada pela criança, que permite ao homem sentir a beleza. Como o retorno do homem ao paraíso não será mais em estágio de inocência, mas sim de conhecimento, a beleza não mais será vista por esse homem como beleza, mas como verdade. É interessante observar que o que o homem em estado de razão busca desesperadamente como verdade, em estado ingênuo está diante de seus olhos como beleza. Isso deixa claro para Schiller que não é preciso uma busca desenfreada por essa verdade; basta que o homem aprenda a olhar o mundo através de seu olhar estético para perceber que ela não se esconde da luz do pensamento esclarecido.

Para aprender a olhar o mundo dessa forma, o homem deve buscar na poesia[15] a verdade, pois foi lá que ela encontrou refúgio após a sua fragmentação (Schiller, 1950, p. 149):

Der Dichtung heilige Magie
Dient einem weisen Weltenplane,
Still lenke sie zum Ozeane
Der großen Harmonie![16]

A poesia possui o poder de conduzir o homem até o "oceano da grande harmonia", e, assim, fazê-lo se constituir de unicidade. Só ela é capaz de nos conduzir até a luz deixada pelo Criador para o retorno ao paraíso.

---

14. "Aquela, cuja face é de Orion, uma Glória, em augusta majestade, somente pelos espíritos mais puros contemplada, ardendo avança sobre as estrelas, de seu trono solar fugida, a terrível e admirável Urania com a coroa de fogo deposta permanece ela aqui, como a beleza, ante nós, vestida com o cinto da graça torna a ser criança para ser por crianças compreendida: o que nós como beleza aqui sentimos, tornará um dia ao nosso encontro como verdade."
15. Entenda-se poesia como literatura em geral, não como o gênero.
16. "Da poesia a sagrada magia serve a um sábio plano do universo. Silenciosa conduz até o oceano da grande harmonia!"

No poema "Os deuses da Grécia" ("Die Götter Griechenlands"), de 1788, Schiller exalta os deuses gregos e a beleza que eles acrescentavam à vida e menospreza o deus uno dos cristãos, que, por suas leis austeras e frias, afasta toda a beleza que outrora reinava. Relegados apenas ao campo da poesia, pois a Musa ainda persiste, os deuses gregos lá permanecem, fugidos desse mundo em que tudo se explica pela ciência. Pereceram na vida, mas sua imortalidade conserva-se na poesia, logo, assim como em "Os Artistas", o resgate da beleza harmônica tem de partir daí.

Posteriormente, em *Sobre poesia ingênua e sentimental* (1795), Schiller dirá que a categoria do ingênuo permanece em nós como a infância perdida, que é despertada por meio da contemplação da natureza, que suscita à memória essa ideia criada daquilo que é ingênuo, causando a comoção sublime. Para Schiller (2003), quando contemplamos um objeto da natureza, como um pássaro, vemos nele a representação de uma ideia, de um ideal a ser buscado: a perfeição. Entramos em um estado de comoção sublime, pois vemos nele a divindade enquanto ideia, a inocência natural que se faz como necessidade ideal de um estado moral. Remetemo-nos à ideia de unidade representada pela natureza: ela é o que nós almejamos ser e o que éramos antes de perder o caráter ingênuo. Sentimos nostalgia dessa ingenuidade provinda da natureza, pois estamos imersos em cultura, que racionalmente nos afasta da perfeição.

A arte, por sua vez, vem como a voz que nos faz recordar desse estado de inocência, e, assim, a única volta possível a esse ingênuo natural seria por meio da cultura, conduzida agora pela razão e pela sensibilidade (Schiller, 2003, p. 54):

> Com um doloroso desejo sentimos a nostalgia do regresso logo que principiamos a experimentar os martírios da cultura, e ouvimos no exílio distante da arte a voz comovente da mãe. Enquanto éramos simples filhos da natureza éramos felizes e perfeitos; tornamo-nos livres e perdemos ambas as coisas.

Em estado de cultura, o homem perde a harmonia sensível, podendo-se expressar somente enquanto unidade moral que ambiciona atingir a unidade total. A fragmentação entre seu sentir e o seu pensar afastam-no da unidade primeira, que somente será possível num plano ideal como pensamento, afastado da vida sensível (Schiller, 2003, p. 63). A restauração da unidade do homem, depois de tamanho estágio de cultura, vem por meio da graça pela conciliação entre razão e sensibilidade; nela, Schiller encontra a solução para o problema da perda de inocência e, num processo ideal, consegue restaurar plenamente essa característica una através do conceito de bela alma, em que o homem, já plenamente confiante em seu domínio sobre os instintos, deixa-se governar por eles. Na bela alma, quando razão e sensibilidade estão em harmonia, a razão pode confiar na sensibilidade sem a desconfiança de que esta a traia; nela, a vontade pode se deixar guiar pela instância que a deixa mais confortável, a sensibilidade, pois sabe que esta não entrará em contradição com as leis que regem sua moral. Nessa configuração, o caráter é ético, e não apenas algumas ações singulares. Assim, a expressão no fenômeno de uma bela alma é a graça, pois é nela que a vontade não teme mais a ação dos impulsos naturais: há uma harmonia completa destes com as leis da razão. A graça nos remete à completude do homem quando ainda fazia parte do paraíso.

Se a graça vai justamente no sentido da confirmação de uma desfragmentação do homem que pode ser representada pela figura religiosa do retorno ao paraíso, em que o homem, já não mais provido de inocência, recobra sua unidade, ela necessita de um homem que tenha atingido sua educação estética de forma a garantir o pleno desenvolvimento de sua destinação moral. A sua fragmentação foi necessária, pois sem ela o homem não teria se libertado de seu estado natural e não teria encontrado na moralidade e, portanto, na liberdade, o seu eu criador. Contudo, é necessário que o homem recobre sua unidade não pela prevalência do caráter moral, como em Kant, mas pela via harmônica da conciliação de seus impulsos sensível e racional. Por conseguinte, o homem precisa ser educado esteticamente, e a arte, lugar de refúgio da beleza, é a única forma possibilitadora dessa educação. Nesse sentido, a estética em Schiller transforma-se em religião na medida em que consegue proporcionar ao homem aquilo que a religião cristã até agora somente o afastou: a harmonia. Segundo Fischer (2007, p. 124), no conceito de graça sempre estará visível a "dimensão religiosa que consiste na busca de uma reconciliação com o uno, de um reencontro com um paraíso perdido". E o que ocorre em Schiller não é diferente, na medida em que tanto a graça estética quanto a graça religiosa tendem a se confundir, criando, assim, uma espécie de encantamento na pessoa que possui a graça que se pauta no amor de Deus, sempre em busca de reconstruir o paraíso perdido.

2.3 O pensamento schilleriano e kantiano acerca da dignidade

Se para a definição de bela alma, e, consequentemente, da graça como sua expressão no fenômeno, Schiller critica a rigidez com que Kant tratou o dever, na conceituação da dignidade, Schiller irá se aproximar dele na fundamentação de sua teoria. De matriz kantiana, portanto, o pensamento desenvolvido por Schiller acerca da dignidade pode ser encontrado em alguns escritos kantianos da época.

Na *Metafísica dos costumes*, assim como na "velha filosofia grega", Kant (1984, p. 102) divide a filosofia em três ciências que estão apoiadas em duas bases de conhecimento racional: uma formal, da qual se ocupa a Lógica, que se dedica à forma do entendimento e da razão; e uma material, que compreende a Física e a Ética e que tem como centro de análise um objeto qualquer e as leis que o regem. Se a filosofia de base material está dividida em duas esferas que abarcam, respectivamente, as leis da natureza e as leis da liberdade, em uma metafísica dos costumes o que interessa a Kant (1984, p. 102) é a parte da Ética, que trata das leis que determinam a "vontade do homem enquanto ela é afetada pela natureza". Desse modo, a metafísica dos costumes investiga "a ideia e os princípios duma possível vontade pura" (Kant, 1984, p. 105), sem a interferência de qualquer inclinação sensível que venha a manipular a vontade do homem.

Segundo Kant (1984), no mundo há apenas uma coisa que pode ser considerada como verdadeiramente boa: a boa vontade. Somente ela tem a característica de ser boa por si mesma, de não requerer nenhuma finalidade para que seja boa. Porém, há situações em que a boa vontade é colocada à prova pela argúcia de nosso instinto, que, num movimento de autopreservação natural, exige que ela aja de maneira a favorecê-lo em detrimento da razão. Quando a razão é incapaz de guiar a vontade na satisfação de nossas necessidades e o instinto natural consegue guiar essa vontade com mais certeza, é necessário que a razão, enquanto "faculdade prática, isto é, como faculdade que deve exercer influência sobre a *vontade*" (Kant, 1984, p. 111), produza uma vontade boa em si mesma que atenda como guia seguro na satisfação de uma necessidade. Qualquer traço da inclinação deve necessariamente ser substituído pela vontade pura, pois esta só pode ser regida por um princípio de razão. Quanto maior for a resistência que o dever encontrar nas causas subjetivas, maior será a elevação e a dignidade da ação. Assim, se a natureza nos atribuiu uma vontade que se liga à razão, seu propósito não foi o de submeter essa vontade a qualquer princípio de autoconservação e de bem-estar, mas sim de colocar a razão como mantenedora da vontade no caminho do cumprimento do dever (Kant, 1984, p. 110), pois "todos os conceitos morais têm a sua sede e origem completamente *a priori* na razão" (Kant, 1984, p. 123), não sendo possível tirá-los de nenhum conceito empírico. Qualquer acréscimo de algo empírico na vontade diminui a sua pureza.

    A *vontade* (Kant, 1984, p. 123-124), portanto, necessita da razão para que possa basear suas ações em leis, e, independentemente de qualquer inclinação, ela escolhe apenas aquilo que para ela é essencialmente bom. Assim sendo, *bom* (Kant, 1984, p. 124) é tudo aquilo que determina a vontade por meio da representação da razão, objetivamente, por meio de princípios que são válidos para todo o ser racional. Se a vontade age em conformidade com a representação das leis, o fim que ela atinge terá validade para qualquer ser racional. Segundo Kant, o bom deve ser distinguido do agradável, pois este consiste naquilo que determina a vontade por meio da sensação para atender interesses subjetivos, que não englobam todo ser racional.

    Dessa forma, para Kant (1984, p. 113), o caráter moralmente elevado é aquele que faz "o bem não por inclinação, mas por dever", e, portanto, o valor moral de sua ação situa-se na representação da lei, e não no efeito que se espera dessa ação. Ainda que só seres racionais possuam vontade, Kant diz que é impossível encontrar na experiência com perfeita certeza uma ação que se tenha baseado unicamente em motivos morais e na representação do dever. Por que não é possível atingir a perfeição moral? Porque somos dependentes do sensível, de inclinações e de necessidades. Mesmo assim, o homem deve moldar suas ações de tal forma que elas passem a atender ao que o imperativo categórico ordena como comportamento moralmente bom: "Age apenas segundo uma máxima tal que possas ao mesmo tempo querer que ela se torne lei universal" (Kant, 1984, p. 129).

Kant (1984, p. 144) propõe então que a

> Autonomia da vontade é aquela sua propriedade graças à qual ela é para si mesma a sua lei (independentemente da natureza dos objetos do querer). O princípio da autonomia é portanto: não escolher senão de modo a que as máximas da escolha estejam incluídas simultaneamente, no querer mesmo, como lei universal.

Desse conceito de autonomia, em que o homem se torna legislador de si mesmo, pois a sua vontade age segundo a sua própria lei, Kant estabelece um "reino dos fins", que consiste na ligação de vários seres racionais que, como legisladores de si mesmos, possuem fim em si mesmos e que, portanto, por meio de leis objetivas comuns, se relacionam "uns com os outros como fins e meios" (Kant, 1984, p. 139), sendo toda ação desses indivíduos baseada nas leis morais. Nesse reino (Kant, 1984, p. 140), que só existe idealmente, pois necessita da abstração de qualquer particularidade do indivíduo, a dignidade de um ser racional é o móbil para que a razão relacione a sua vontade com a dos demais e com todas as ações. Ela é, portanto, aquilo que "constitui a condição só graças à qual qualquer coisa pode ser um fim em si mesma" (Kant, 1984, p. 140), que não possui um valor equivalente a um sentimento, mas que possui "um valor íntimo" (Kant, 1984, p. 140), que está acima de qualquer interesse.

A boa vontade, assim, possibilita ao homem sua participação no reino dos fins, cumprindo, com isso, a finalidade que a natureza lhe empregou, ao lhe dar a vontade e a razão, de ser fim em si mesmo. A dignidade como guia da vontade garante que essa autonomia resultará em ações compatíveis às leis, e, dessa forma, garante a boa vontade.

Desses argumentos, Kant (1984, p. 149) chega à conclusão de que a liberdade "é a chave da explicação da autonomia da vontade", porque o homem, enquanto ser racional, é livre na medida em que é independente "das causas determinantes do mundo sensível" (Kant, 1984, p. 154), e, portanto, reafirma essa liberdade quando não deixa que sua vontade, por meio de um processo de heteronomia, busque uma lei que irá determiná-la fora de sua própria legislação universal, pois, se isso fizesse, a vontade não estaria dando a lei a si própria, mas sim um objeto que estaria legislando sobre ela (Kant, 1984, p. 145). Assim, o que Kant entende por liberdade da vontade é a capacidade que ela possui de determinar a si mesma.

O rigorismo de Kant em relação ao conceito de dever, em *A religião nos limites da simples razão*, o faz fundamentar a moral independentemente da religião cristã, pois ela própria se torna a religião do homem. Como não busca atingir nenhum fim, além do cumprimento do dever por si mesmo, a moral ultrapassa qualquer religião que venha a competir com ela, pois ela própria conduz o homem "inevitavelmente à religião, pela qual se estende, fora do homem, à ideia de um legislador moral poderoso, em cuja vontade é fim último (da criação do mundo) o que ao mesmo tempo pode e deve ser o fim último do homem" (Kant, 1992, p. 14).

Seguir o dever, caminhar de forma a transformar a inclinação ao vício em bem é, segundo Kant (1992, p. 52), adquirir pouco a pouco aquilo que se chama virtude. Sua religião moral acredita na reforma do comportamento humano a partir da mudança de seu próprio agir, que, aqui, não busca uma finalidade, como na religião cristã é o reencontro com o paraíso: em Kant, não há de se esperar que Deus faça do homem um homem bom; a sua concepção vai justamente à linha contrária, pois, para ele, o homem somente encontrará a felicidade, ou o paraíso perdido, se ele mesmo se fizer bom sem interesse algum (Kant, 1992, p. 66):

O que unicamente pode fazer de um mundo o objecto do decreto divino e o fim da criação é a *humanidade* (o ser mundano racional em geral) *na sua plena perfeição moral*, da qual, como suma condição, a felicidade é a consequência imediata na vontade do ser supremo.

Por isso, Kant (1992, p. 82) acredita que a graça em sua acepção religiosa suprime a possibilidade de se atingir a liberdade moral máxima, pois, como meio de interação com o sobrenatural, com o inalcançável, ela somente é creditada ao homem de fé pela via do divino, na intenção de aliviá-lo "de toda a responsabilidade", de "suprir a deficiência de todo o seu poder moral" (p. 175). Dessa forma, ela se torna opositiva à virtude que se espera do homem na medida em que rouba à moral a função de ser suficiente na conduta do homem.

Não há provas, porém, de que existam esses efeitos da graça, portanto, Kant (1992, p. 176) diz que

> Crer que pode haver efeitos da graça e, porventura, terão de existir para suprir a imperfeição do nosso esforço virtuoso, é tudo o que a tal respeito podemos dizer; de resto, somos incapazes de determinar algo a propósito do seu carácter distintivo, e mais ainda, de fazer alguma coisa para os suscitar.

O que se tem certeza (Kant, 1992, p. 193), no entanto, é que as leis da virtude são conhecidas pelo homem, e que, portanto, como é incerta a ajuda divina nessa elevação do caráter moral, o homem tem de seguir o dever que suas leis morais lhe orientam de forma a alcançar através de si próprio a plenitude moral que lhe poderá garantir a felicidade.

2.3.1 A dignidade como expressão no fenômeno do domínio dos impulsos pela força moral

Baseando-se nesses estudos de Kant, Schiller então desenvolve o conceito de dignidade, que, quase opositivo à graça estética, será assentado num princípio de coerção da sensibilidade pela vontade do homem. Se a graça, em um ideal, é a completa harmonização entre a natureza sensível e racional do homem que expõe sua bela alma, a dignidade "é a expressão de uma disposição sublime" (Schiller, 2008, p. 44), em que há o domínio dos impulsos pela força moral.

Segundo Schiller (2008, p. 45), o que distingue o homem dos demais animais é a *vontade*, "que, como uma faculdade supra-sensível, não está tão submetida nem à lei da natureza nem à da razão". Como faculdade de livre arbítrio, ela pode estar associada tanto à natureza sensível do homem quanto às leis da razão, mas, segundo Schiller, ainda que a naturalidade do sensível a atraia, ela deve ser guiada pela razão, pois somente passando pela aprovação da razão é que a ação que o homem desempenhará estará imbuída de um caráter ético.

No entanto, do mesmo modo que a natureza deu ao homem o arbítrio, junto a ele, impôs-lhe necessidades por meio de sensações, que podem lhe causar dor – e então a natureza exige do homem a satisfação imediata de seu impulso – e contentamento – que expressa a satisfação desse impulso. O homem, segundo Schiller (2008, p. 45), tem de sentir aquilo que a natureza lhe causa, e, a partir desse sentir, as sensações de dor ou prazer ocasionarão nele repulsa ou desejo. Se a vontade comodamente se deixa guiar pelos afetos, cabe à razão impor resistência ao livre curso do impulso, pois somente assim ela irá impedir que a possibilidade de livre arbítrio da vontade seja dominada pela força do impulso, o que acarretaria justamente na eliminação desse caráter distintivo do homem enquanto ser de vontade.

Assim, a vontade deve consultar a razão antes de seguir qualquer impulso natural para que não arrisque a sua própria liberdade. Se o impulso que pretende governar a vontade fere a legislação da razão, a vontade deve obedecer ao princípio moral, ainda que este fira a natureza sensível do homem. Mesmo com essa coação da razão, a natureza não deixa de pressionar a vontade a seguir o seu curso, e, se esta sucumbir à força do impulso, o homem perde sua característica primordial: a humanidade (Schiller, 2008, p. 46). Na prevalência da legislação da razão, a natureza sensível sofre uma violência e tenta tomar para si o poder para apaziguar a sensação de dor suscitada, no entanto, agindo de acordo com as leis morais, o homem não mais quer estabelecer uma harmonia entre as suas duas naturezas, e sim age racionalmente, de modo a afirmar sua vontade perante o tribunal da natureza. Nesse estágio, diferentemente da graça, a ação expressa não é mais moralmente bela porque não há harmonia entre razão e sensibilidade, mas sim moralmente grande, porque mostra o quanto a vontade pode ser superior à natureza, ao sensível. A expressão desse domínio dos impulsos pela força moral no fenômeno denomina-se dignidade:

> Vemos num homem os traços do afeto mais doloroso, da classe dos primeiros movimentos totalmente involuntários. Mas, na medida em que suas veias se dilatam, seus músculos se contraem convulsivamente, sua voz é sufocada, seu peito se avoluma, seu abdômen se comprime, seus movimentos voluntários são suaves, sua fisionomia está livre e há serenidade no olho e na fronte. [...] Mas porque os traços da tranquilidade estão misturados aos traços da dor e a mesma causa, porém, não pode ter efeitos opostos, logo, esta contradição dos traços demonstra a existência e a influência de uma força que é considerada independente do sofrimento e das impressões às quais vemos sucumbir o sensível. (Schiller, 2008, p. 50)

A dor que toma conta dos traços iniciais em uma ação que contraria a natureza sensível do homem confirma a ação de si própria, que quer tomar para si o domínio da vontade e aplacar a dor que está lhe ferindo. Logo que a vontade é submetida às leis da razão, uma expressão de tranquilidade se mistura à dor, que aos poucos vai perdendo a sua força, deixando transparecer no semblante do homem uma força superior, uma tranquilidade impossível no sofrimento se o sensível fosse dominante.

Se a graça é determinada por um processo de liberdade, pois se baseia na conciliação entre sensível e razão na expressão da vontade, a dignidade se define pela coerção da razão sobre o sensível na expressão da vontade, pois esta, independente da força do impulso que a pressiona, deve seguir apenas aquilo que a lei moral lhe determina (Schiller, 2008, p. 51):

Logo, na dignidade, o espírito se porta no corpo como *soberano*, pois aqui ele tem de afirmar sua auto-suficiência contra o impulso imperioso, que, sem ele, passa às ações e gostaria, de bom grado, de subtrair-se ao seu jugo. Na graça, ao contrário, ele governa com *liberalidade*, porque aqui é *ele* que põe a natureza em ação e não encontra nenhuma resistência para vencer.

A oposição entre graça e dignidade somente pode ser entendida do ponto de vista da existência de coerção em uma e da total harmonização em outra. A graça aparece naturalmente no homem, enquanto que a dignidade parte de uma violência da razão sobre o sensível. Uma vez que a humanidade perfeita exige a harmonia entre o sensível e o ético, a dignidade não serve como expressão desse ideal, pois extrapola o conceito de humanidade na medida em que se baseia na coerção do sensível sob o domínio do ético. Favorecendo sempre a graça em detrimento da dignidade, Schiller (2008) reforça que a harmonia completa entre as duas naturezas do homem é impossível, porém, ele deve estar sempre em vigilância para buscar uma consonância que o permita a humanidade que a graça é capaz de expressar.

Assim, se na ação em que a razão coordena a vontade, de forma a fazer com que o sensível sofra, fosse possível a beleza do jogo, que preencheria a expressão do homem de uma leveza que a graça inspira, essa expressão "nos revoltaria muito mais que satisfaria" (Schiller, 2008, p. 53), porque a aparência da graça é de harmonia e naturalidade, e o que o sofrimento expressa na dignidade é justamente o oposto: violência e domínio. Na dignidade, portanto, há seriedade; na graça, jogo: "Em geral, vigora aqui a lei de que o homem tem de fazer com graça tudo o que pode realizar no interior de sua humanidade e com dignidade tudo aquilo para cuja realização ele tem de superar a sua humanidade" (Schiller, 2008, p. 53).

Em via de complementação, Schiller (2008, p. 55) entenderá, então, que as duas, quando unidas na mesma pessoa, expressam o ideal de beleza no qual foi formada a Antiguidade Clássica. Elas suscitam sentimentos que se complementam e que fazem com que o homem vise a possibilidade de ascensão ao divino, ainda que esta seja impossível. A graça, segundo Schiller (2008, p. 57), infunde no homem amor, "uma sensação livre", que nasce da vontade de ser livre; a dignidade, ao contrário, infunde respeito, pois tensiona a sensibilidade na subordinação da mesma ao ético. O livre curso do amor, sem nada que o limite, pode degenerar em desejo; a austeridade em demasia pode inspirar temor. Assim, esses dois sentimentos suscitados por graça e dignidade, quando unidos, se contrabalançam, pois "a dignidade impede que o amor se torne em desejo. A graça evita que o respeito se torne em temor" (Schiller, 2008, p. 58).

Contudo, Schiller (2008, p. 57) dirá que somente na graça é possível encontrar a imagem do "*absolutamente grande*", do "*Deus em nós*", pois nela sensibilidade e espírito encontram, um no outro, a concordância de ideias que impede a limitação de qualquer uma das duas dimensões. Nesse ideal, a concordância do sensível com as leis da razão é tamanha que a vontade não precisa se preocupar com o que dela fará o sensível; completamente dominado pelas leis da razão, o sensível segue o seu livre curso de forma a não necessitar ser limitado de forma violenta pela razão; nesse ser ideal, a dignidade, o caráter moral formado eticamente, já é pressuposto, e a graça apenas resplandece no fenômeno a sua grandiosidade.

É digno de nota que, mesmo admitindo parte do rigorismo kantiano quanto à noção de dever em sua teoria, Schiller assenta a graça lado a lado à dignidade, e, em determinados momentos, a eleva acima da dignidade. Essa inserção da sensualidade na moral que é abominada por Kant, pois pode comprometer a eticidade humana, em Schiller revela um relaxamento das forças opressivas que o racionalismo kantiano estava até então impondo ao caráter moral do homem. Entretanto, não podemos entender a inserção desse sensualismo como uma abertura ao sentimentalismo do qual Schiller fez parte no *Sturm und Drang*; há de se deixar à parte qualquer emoção que não corresponda à pureza da vontade regida sob leis morais, que possa macular a aura pura que é seu destino. Assim, a teoria de Schiller se encaixa entre o rigorismo kantiano e o sensualismo pré-romântico, configurando a exigência de um comportamento humano que não exclua nem o patamar sensível nem o racional, moldado de acordo com o consentimento de ambos, contudo, somente passível de coerção caso esta parta da razão em favor do bem moral.

2.4 A Revolução Francesa e Schiller: caminhos para a educação estética do homem

Em dezembro de 1791, o príncipe Friedrich Christian von Augustenburg, ciente da crise econômica e de saúde por que passava Schiller, decide financiá-lo num projeto que terá como produto as cartas *Sobre a educação estética do homem* (*Über die ästhetische Erziehung des Menschen*), publicadas em três partes na revista *Die Horen* em 1795. O projeto, do qual também foram resultantes os demais escritos filosóficos produzidos entre 1791 e 1795, condensou as ideias iniciais de Schiller nos ensaios *Kallias ou sobre a beleza* e *Sobre graça e dignidade* acima descritos, versando sobre um ideal de humanidade que poderia ser atingido por meio da educação estética do homem.

Segundo Falbel (2005, p. 43),

> A teoria estética de Herder liga-se à ideia de que a poesia constitui um produto de condições naturais e históricas captadas por intermédio de uma experiência do 'sentir' (*Gefühl*). Ainda que autônoma, a obra poética está relacionada com seu ambiente gerador, que nela se incorpora e se transforma num 'sentir' em si e que, no decorrer do tempo, além de o refletir, também o influencia.

As propostas de educação estética do homem desenvolvidas por Schiller a partir de 1791 caminham por essa linha herderiana. Impressionados pela grandiosidade com que a Revolução Francesa se mostrou ao mundo no ano de 1789, os intelectuais alemães se viram diante de uma mudança notável, que significava o começo de uma nova era. Nunca se vira uma revolta popular de tamanha proporção e "a imagem da revolução como luz do dia ou alvorada se encontra em quase todos os escritores do início dos anos 1790"

(Safranski, 2010, p. 34). Inicialmente entusiastas do movimento, a Revolução deu asas à produção artística na Alemanha e impulsionou o idealismo nascente. Surgiram diversas publicações a respeito dos acontecimentos, e escritores como Kant, Fichte, Schlegel e Novalis viam nesses acontecimentos a possibilidade da revolução através do pensamento, ou seja, por meio da prática dos ideários filosóficos de igualdade e liberdade que os iluministas haviam teorizado.

Para esses jovens, a Revolução de 1789 traduziu-se em uma luta do povo que faz um novo começo da história: a substituição da monarquia pela república, baseada num ideal democrático de maior participação popular, e a união de burgueses e campesinos na luta contra os excessos de privilégios concedidos à nobreza francesa fomentaram esse entusiasmo.

A França na época passava por uma grave crise econômica devido ao ingresso do país nas guerras pela libertação americana e pelos gastos exorbitantes da nobreza. Essa crise provocou a dissidência de parte da aristocracia, que, logo em seguida, ganhou o apoio da burguesia. A participação popular na revolta somente foi colocada em questão quando a burguesia passou a ser ameaçada pelo campesinato. Com medo de que a revolta do povo atingisse a propriedade burguesa, o campesinato foi atraído a se juntar aos revolucionários com a promessa de inclusão de algumas das suas reivindicações – como a abolição dos privilégios e a igualdade de tributação de impostos – na grande revolução que estava se formando. Enfocou-se na filosofia iluminista (Locke, Montesquieu e Rousseau) de liberdade e igualdade entre os homens, e as bases para a ação se tornaram as constituições e declarações de direitos elaborados na Independência Americana (Falbel, 2005). No entanto, esses atos não foram suficientes, pois a propriedade ainda se encontrava limitada aos que detinham o poder econômico. Foram propostas limitações de propriedades e redistribuição de patrimônios, porém, nada seria aceito pela burguesia em ascensão e muito menos pela aristocracia decadente. Logo, a áurea de libertação da Revolução ganhou as faces do terror: a aristocracia monárquica foi perseguida e assassinada, e todas as garantias civis foram abolidas durante o período.

O golpe de Estado de 1799 seguido pelas guerras napoleônicas de expansão do território foram suficientes para apagar o espírito de renovação que entusiasmou a Europa. A opressão empreendida por Napoleão despertou o velho continente para a luta pela liberdade e deu "a verdadeira dimensão da tarefa histórica a ser enfrentada: a da formação do homem para a liberdade" (Barbosa, 2004, p. 23).

Schiller, nessa esteira de produção intelectual desencadeada pela Revolução Francesa, intensificou a discussão do papel do homem na formação de um Estado, que, por sua vez, é reflexo de seu povo. Assim, o financiamento do príncipe Friedrich Christian von Augustenburg foi destinado à investigação do comportamento humano para a construção de um ideal de humanidade. No intuito de justificar os caminhos que tomou a Revolução, Schiller então traça uma linha evolutiva em relação às idades por que passa o desenvolvimento humano e, consequentemente, o Estado como reflexo desse desenvolvimento.

Segundo Schiller (2002, p. 23), a primeira idade é caracterizada por um Estado de natureza em que o homem, incapaz de "agir por si mesmo como inteligência livre", busca na natureza suprimir suas necessidades. Baseando-se no pensamento rousseauniano de reestabelecer através da razão os princípios em que a natureza se alicerça, Schiller nos diz que quando o homem deixa de se satisfazer com o Estado sensível, exigindo da natureza mais do que ela pode lhe oferecer, ele sai de seu Estado natural, criando um Estado de natureza Ideal ao qual impõe um fim último desconhecido em seu Estado de natureza real. Esse Estado que idealiza o real, entretanto, continua partindo da determinação natural, e não consegue satisfazer o homem completamente. Infligido a dar o próximo passo em direção à sua liberdade, o homem abandona o Estado de determinação natural, que passa a ser submetido pelo Estado de razão, de liberdade. O que confirma a humanidade do homem, portanto, é a sua vontade, que não se basta com o que a natureza lhe proporciona, capacitando-o para transformar a necessidade em opção por meio da razão e da livre escolha moral (Schiller, 2002, p. 23). Nesse estágio, ele cria um Estado ético, baseado nas leis da razão.

Todavia, esse Estado ideal, ético, necessita, para ser erigido, também de um homem ideal, absoluto, em que a vontade faça coincidir as necessidades físicas e morais. A vontade do homem real, para Schiller, é, entretanto, contingente, e a organização de um Estado que unifique a multiplicidade dos sujeitos necessita de sujeitos que tentem alcançar o homem ideal e puro que cada ser humano possui em si. Para o autor, a missão do Estado não é a de suprimir a multiplicidade exigida pela natureza do homem em favor da unicidade que as leis da razão determinam, mas sim conciliar essas duas instâncias até que as esferas sensível e moral coincidam na forma de proceder e a mudança para um Estado ético dê-se de forma natural, sem a violência da imposição:

> Quando, portanto, a razão transporta para a sociedade física sua unidade moral, ela não deve ferir a multiplicidade da natureza. Quando a natureza procura afirmar sua multiplicidade no edifício moral da sociedade, isso não deve acarretar ruptura alguma à unidade moral; a força vitoriosa repousa a igual distância da uniformidade e da confusão. É preciso, portanto, encontrar a *totalidade* de caráter no povo, caso este deva ser capaz e digno de trocar o Estado da provação pelo Estado da liberdade. (Schiller, 2002, p. 29-30)

Para Rousseau (cf. Felício, 1999), essa validação do homem em seu estado civil também se dá pela via da razão, que exigirá do homem o cumprimento de suas leis. Como ser de vontade, o homem faz frente aos instintos através da razão, permitindo, assim, a sua liberdade perante a natureza. Ir de encontro à natureza regido pela razão dá ao homem a segurança necessária para a garantia da liberdade, mesmo que, por outro lado, a sua independência tenha de ser moldada pelas leis civis, que, segundo Rousseau, representam não apenas a vontade de um único homem, mas de todos ao mesmo tempo. Elas validam a igualdade de cada homem que faça parte do meio civil.

Nesse ponto, para Schiller, é justificável a tentativa do povo francês na Revolução de 1789 de sair das amarras desse Estado, que, pelas suas características, se assemelha ao Estado natural de prisão dos sujeitos às amarras da determinação natural, da necessidade de subsistência a partir do que os soberanos lhes oferecem. Segundo Schiller (2002, p. 38):

> Cansada, finalmente, de manter um vínculo que o Estado propicia tão pouco, a sociedade positiva decompõe-se num estado de natureza moral (destino que de há muito é o da maioria dos Estados europeus), no qual o poder público é apenas um partido a *mais*, odiado e ludibriado por aquele que o torna necessário e acatado somente por aquele que pode dispensá-lo.

A razão desses homens pertencentes ao primeiro Estado, que são coagidos por força e não movido por leis, indica-lhes que há algo acima daquilo que lhes é concedido, algo que eles poderiam e deveriam possuir. Entretanto, para Schiller (2002, p. 25), essa passagem de um Estado a outro se torna dificultosa na medida em que a sociedade física necessita de um suporte que mantenha o funcionamento do Estado enquanto ocorre a mudança; ele não consegue se suspender no tempo para que um mecanismo seja substituído pelo outro; a troca abrupta cai em anarquia e violência sem o auxílio de "um suporte para a subsistência da sociedade que a torne independente do Estado natural que se quer dissolver". Esse suporte, que pode ser entendido como um campo de exercício do homem para a liberdade (Safranski, 2010, p. 42), entretanto, não pode se basear nos extremos do Estado natural e do Estado ético, mas necessita de um pouco das características dos dois Estados, fundando um terceiro, que combine a eticidade com os sentidos. Portanto, a única forma inofensiva de transformação do Estado é seguindo esse suporte, que faz coincidir ou que se aproxima bastante da concordância entre a razão e o instinto natural; somente essa concordância estabelece a plenitude do homem em relação à sua natureza primeira e o alcance do seu Estado moral.

Distante desse estado ideal, o que se viu na Revolução, principalmente após os assassinatos do mês de setembro de 1792 (cf. Safranski, 2010, p. 41), segundo Schiller (2002, p. 31), foi o homem que não se satisfez em exigir "a restituição de seus direitos inalienáveis". Ao contrário, ele cedeu à violência física e tentou fazer valer por meio dela todas as suas reivindicações. Não só as classes "mais baixas" buscaram furiosamente satisfazer seus desejos; as classes "civilizadas" foram, para ele, ainda mais repugnantes, pois a tirania exercida por essa classe teve por fonte a própria cultura (Schiller, 2002, p. 32). Assim, a Revolução Francesa se traduziu em um "balançar entre a perversão e grosseria, entre desnaturado e meramente natural, entre superstição e descrença moral, e é apenas o contrapeso do ruim que ainda lhe põe, por vezes, limites" (Schiller, 2002, p. 33).

Essas reflexões tiveram como resultado a proposição de Schiller de que o suporte capaz de realizar a transformação do Estado são as belas artes: elas são o prelúdio de uma revolução estética e a chave para a educação do homem. É em estado lúdico que o homem sente a liberdade, em que o nobre ou o escravo possuem os mesmos direitos. "No reino da aparência estética, portanto, realiza-se o Ideal da igualdade, que o fanático tanto amaria ver realizado também em essência" (Schiller, 2002, p. 141), ou seja, a arte realiza em essência as pretensões de um povo que não soube lidar com a liberdade e que, por isso, transformou o ideal de igualdade e fraternidade em terror. Literatura e filosofia se unem, em Schiller, com o propósito de proporcionar ao homem a capacidade para a liberdade.

Desse entusiasmo diante da possibilidade de educação do homem através da matéria estética e motivada pela leitura assídua da *Crítica da faculdade do juízo* (1790) de Kant surgiu a teoria do jogo de Schiller, que foi de fundamental importância para os desdobramentos de seus estudos estéticos posteriores.

2.5 A teoria do jogo

Segundo Schiller (2002, p. 49), as belas artes são o instrumento enobrecedor do homem porque nelas o arbítrio humano não tem efeito. Elas não se traduzem no mutável do espírito humano, mas sim no imutável. Entretanto (cf. Schiller, 2002, p. 22), a beleza vem sendo suplantada pela "utilidade", que se tornou o "grande ídolo do tempo". Ela fez com que as fronteiras da arte fossem estreitadas cada vez mais devido à ampliação da ciência, que, na mentalidade utilitarista, servira melhor às necessidades do homem. Porém, a proposta de Schiller (2002, p. 22) é justamente mostrar ao homem que o caminho para a resolução dos problemas expostos pela Revolução encontra-se na arte:

> Espero convencer-vos de que esta matéria [a beleza] é menos estranha à necessidade que ao gosto de nosso tempo, e mostrarei que para resolver na experiência o problema político é necessário caminhar através do estético, pois é pela beleza que se vai à liberdade.

O que Schiller está tentando provar, portanto, é que a matéria estética faz parte da necessidade do homem, e que o problema político (a Revolução Francesa e a barbárie em que a mesma caiu) pode ser resolvido através do estético. Ligados ao seu contexto histórico, os ensaios filosóficos de Schiller a partir de 1791 incluíram a Revolução de 1789 no mundo da filosofia e permitiram a transposição dessa filosofia para literatura, numa tentativa de, através do jogo da arte, provocar a revolução do espírito, tornando o homem verdadeiramente apto para a liberdade.

O efeito libertador que Schiller (2002, p. 59) atribui à arte parte do princípio de que o homem caracteriza-se por dois conceitos: pessoa e estado. A pessoa é o conceito imutável do homem, aquilo que perdura; o estado é o mutável, é a alternância, aquilo que sofre mudanças (estado de repouso ou atividade, alternância de sentimentos etc.). Esses dois conceitos, ainda que opositivos, necessitam um do outro para que sejam possíveis, pois a pessoa sem a experiência do sentir é pura forma, capacidade vazia que não concretiza nunca sua disposição "para uma possível exteriorização infinita" (Schiller, 2002, p. 61); e o estado sem a interferência da pessoa é apenas mundo, matéria no tempo. Em outros termos: a forma requer do mundo uma "formalidade absoluta", introduzindo no mundo toda a sua coerência e imutabilidade; o mundo exige da forma "realidade absoluta", levando à forma a sua caracterização mutável. Mesmo sendo prerrogativa apenas do ser absoluto, divino, a realização plena desses dois conceitos, em que o estado coincide com a pessoa, e "todas as determinações perduram *com* a personalidade" (Schiller, 2002, p. 59), o homem, predisposto ao divino, é instado continuamente a conciliar essas duas forças opostas (Schiller, 2002, p. 121):

> A razão, sabemos, dá-se a conhecer no homem pela exigência do absoluto (do que é fundado em si mesmo e necessário), exigência que, não podendo ser satisfeita em nenhum estado isolado de sua vida física, constrange a abandonar totalmente o físico e a passar de uma realidade limitada a Idéias.

A natureza sensível-racional do homem é, portanto, impulsionada ao cumprimento dessa tarefa de conciliação de forças opostas, e Schiller chamará essas forças de impulsos. Em vista disso, o ser humano, segundo Schiller (1992, p. 117), é movido por três instâncias que dele fazem exigências. A primeira delas é o sensível: o homem como ser físico sofre exigências da natureza. A segunda é a razão, pois "ele é um ser que sente racionalmente" (Schiller, 1992, p. 117), e, por isso, não se deve deixar dominar pela natureza, e sim dominá-la. A terceira, somente possível ultrapassado o estágio de conciliação entre as duas primeiras, é o decoro, que exige dele o "respeito pela sociedade e a obrigação de comportar-se como um ser civilizado" (Schiller, 1992, p. 117). A teoria do jogo se baseia nessas instâncias em interação. Segundo Schiller (2002), somente no jogo, em estado lúdico, o homem se desenvolve plenamente, pois é nesse estado que o sensível e a razão operam conjuntamente, recuperando o homem da fragmentação que o separou da essência una de que era constituído o seu ser. O autor argumenta que o humanismo grego era perfeito, porque essas instâncias estavam em completa harmonia no homem, e, a separação, a fragmentação das ciências, arte e religião fragmentaram o homem moderno (Schiller, 2002, p. 37):

> Divorciaram-se o Estado e a Igreja, as leis e os costumes; a fruição foi separada do trabalho; o meio, do fim; o esforço, da recompensa. Eternamente acorrentado a um pequeno fragmento do todo, o homem só pode formar-se enquanto fragmento; ouvindo eternamente o mesmo ruído monótono da roda que ele aciona, não desenvolve a harmonia

de seu ser e, em lugar de imprimir a humanidade em sua natureza, torna-se mera reprodução de sua ocupação, de sua ciência. [...] A letra morta substitui o entendimento vivo, a memória bem treinada é guia mais seguro que gênio e sensibilidade.

Ele acredita que a causadora dessa "ferida na humanidade moderna" foi a própria cultura, que ampliou a experiência e o pensamento mais preciso, abrindo espaço para a separação dessas esferas. A fragmentação, portanto, ocasionou a oposição, antes inexistente, entre o estado sensível e a razão; abrir mão da unicidade do ser, entretanto, foi o caminho necessário e inevitável para a progressão da espécie. Como já foi dito, a ampliação do entendimento e o acúmulo de conhecimento desembocariam inevitavelmente na fragmentação entre o sensível e a razão, pois somente colocando em oposição essas duas instâncias consegue-se desenvolver as múltiplas potencialidades do homem (Schiller, 2002, p. 40). Antes mesmo de Marx, Schiller antecipa a alienação que a divisão do trabalho provocou no homem moderno, e coloca nesse homem a função de "restabelecer em nossa natureza, através de uma arte mais elevada, essa totalidade que foi destruída pelo artifício" (Schiller, 2002, p. 41). A revolução do espírito proposta pelo autor buscará então na arte a fonte de aprimoramento dos sentimentos humanos, a base para a formação do homem na liberdade.

A matéria estética (Schiller, 2002, p. 109) conduz o homem ao ilimitado e lhe permite a humanidade plena, como se ele ainda não tivesse sofrido a ruptura, a fragmentação. Como segunda criadora do homem, a beleza capacita-o para a humanidade, no entanto, o que a diferencia da natureza, sua primeira criadora, é a abertura para a livre escolha: cabe à própria vontade do homem o uso ou não dela. Dessa maneira, o homem, ainda em estado "selvagem", somente ratifica a sua humanidade em estado lúdico, pois é nesse estado que confirmamos ter saído do estado animal e entrado em estado de cultura:

> E qual o fenômeno que anuncia no selvagem o advento da humanidade? Por muito que indaguemos à história, encontramos sempre a mesma

resposta para os povos todos que tenham emergido da escravidão do estado animal: a alegria com a *aparência*, a inclinação para o *enfeite* e para o *jogo*. (Schiller, 2002, p. 130)

Quando ainda em estado animal, o homem utiliza apenas os seus sentidos (olfato, visão, tato, audição, paladar) na fruição. A partir do momento em que esses sentidos já não são suficientes e ele busca na fruição um valor autônomo, o homem passa do estado animal para um estado estético, despertando, assim, o impulso lúdico. A passagem da sensação à consciência se dá pela simultaneidade de ativação e, consequentemente, supressão do poder de determinação da sensibilidade e da razão, criando, assim, uma disposição intermediária da mente, uma disposição livre. Do impulso lúdico advém o impulso mimético, e o homem se faz capaz de distinguir realidade e aparência (Schiller, 2002, p. 131), e essa passagem do natural, do sensível, para o estético tem de se dar justamente pela sensibilidade primária, pois a partir

> Desse jogo da *livre sequência das ideias*, de natureza ainda inteiramente material e explicado por meras leis naturais, a imaginação dá o salto em direção do jogo estético, na busca de *uma forma livre*. Tem-se de chamá-lo salto, porque uma força totalmente nova se põe em ação aqui; o espírito legislador intervém pela primeira vez nas ações do cego instinto; submete o procedimento arbitrário da imaginação à sua unidade eterna e imutável, coloca sua espontaneidade no que é mutável e sua infinitude no que é sensível. (Schiller, 2002, p. 137)

Ao estabelecer os passos do salto estético que o homem dá em relação ao seu estado animal, Schiller diz que, mesmo imerso em cultura, o homem ainda possui o seu estado natural, e, portanto, suas necessidades físicas fazem parte de sua humanidade. Na distinção dessas categorias que começam a emergir no homem de cultura, Schiller (2002) caracteriza os três impulsos fundamentais para a teoria do jogo: o sensível, o formal e o lúdico.

O impulso sensível constitui-se da parte física do homem. Ele é a matéria que preenche o tempo e que está limitada a ele, é a força da natureza que impõe a necessidade, que lhe exige realidade na existência. Esse impulso é o que, segundo Schiller (2002), impede o homem à perfeição, à elevação à divindade, pois, mesmo que por momentos ele consiga driblá-lo, logo a força da natureza retoma seu direito e lhe impõe necessidades. O impulso formal, por sua vez, é a parte racional do homem, que não está subjugada ao tempo e que lhe permite a liberdade, a ampliação do ser; é esse impulso que rege as leis morais. Ao atuarem conjuntamente, impulso sensível e formal (ação recíproca), o homem consegue recuperar a harmonia perdida e ter liberdade. Essa harmonia, segundo Schiller (2002, p. 74), somente é conseguida em estado lúdico, que "imporá necessidade ao espírito física e moralmente a um só tempo; pela supressão de toda contingência ele suprimirá, portanto, toda necessidade, libertando o homem tanto moral quanto fisicamente". A evolução, portanto, se dá do homem sensível ao homem estético e só depois de passar por essa fase intermediária se chega ao homem em estado moral.

Não podemos deixar de mencionar que a teoria do jogo de Schiller parte da teoria de Kant sobre o "jogo lúdico livre", e, em sua maior parte, se assemelha a ela (Korfmann, 2004, p. 29-30):

> Na comunicação com o texto poético, experimentamos, desprendidos dos sentidos e do intelecto discursivo, uma plenitude do mundo impossível de alcançar na vida empírica. [...] a experiência estética neutraliza, conforme Kant, os dois pólos, os sentidos e a razão, e consegue transformá-los num estado de 'jogo lúdico livre' em que a razão retira dos sentidos seu rigoroso caráter imediato (*Unmittelbarkeit*), enquanto os sentidos retiram da razão sua obrigatoriedade de atuar em conceitos (*Begriffszwang*). Acontece, então, na experiência estética um balanceamento (*Ausgleich*) de sentido e razão. O julgamento do belo inicia o mecanismo geral do conhecimento de conceber algo singular sob um conceito geral sem que se fixe o específico num conceito final. [...] Julgamentos de gosto não são mais legitimados através de convenções diferenciadas hierarquicamente, mas se baseiam num fenômeno humano geral, o conjunto das faculdades de conhecimento.

Em Kant, a neutralização dos polos sensível e racional no homem é iniciada por um objeto belo, mas, ainda que essa neutralização se dê entre os polos sensível e racional, o que garante o "jogo lúdico livre" é a associação que a imaginação faz com o entendimento, duas faculdades de conhecimento, das quais é produzida a sensação de prazer ou desprazer. Kant, portanto, caracteriza o jogo naquele espaço em que a imaginação apreende um objeto e transporta-o ao entendimento que dele fará um conceito indeterminado. Já em Schiller, o jogo entre os impulsos sensível e racional determina esse estado de conciliação, e a beleza é a causa e o produto do jogo. É ela que faz com que o homem caminhe do sensível ao formal e do formal ao sensível, pois liga duas categorias que se opõem; não há atritos entre essas instâncias: uma se deixa conduzir pela outra, unindo a vida do impulso sensível à forma do impulso formal, e traduzindo a beleza em forma viva. Entretanto, esse equilíbrio perfeito dos impulsos opostos somente é possível em um Ideal. A realidade não consegue alcançar essa perfeição, sobressaindo-se sempre um impulso sobre o outro; enquanto a beleza ideal permanece una e indivisível, a beleza na experiência terá a variação dupla de um instinto a outro (Schiller, 2002, p. 84):

> [...] se pode esperar do belo um efeito dissolvente e outro de tensão: um *dissolvente* para manter em seus limites tanto o impulso sensível quanto o formal; um *tensionante*, para assegurar os dois a sua força. Essas espécies de efeito da beleza, contudo, devem ser uma só segundo a Idéia. Ela deve dissolver quando faz igualmente tensas as duas naturezas, e deve dar tensão quando as dissolve por igual. [...] O que no belo ideal é distinguido apenas na representação, no belo da experiência é diferente segundo a existência.

Os dois tipos de beleza na experiência acima descritos partem da maneira em que estão dispostos os impulsos no homem. O homem que é coagido tanto pelo impulso sensível quanto pelo impulso formal quando se vê dominado por qualquer um desses dois impulsos participa do belo com efeito de tensão, ou, como denomina Schiller, da beleza enérgica, pois, para ele, a dominação de qualquer um dos impulsos caracteriza um estado de violência. O homem que é dominado por apenas um dos impulsos participa do belo com efeito dissolvente, ou beleza suavizante, em que o impulso dominante é dissolvido pela forma, no caso do impulso sensível, ou pela matéria, no caso do impulso formal.

Mesmo sem a unicidade da beleza Ideal, a beleza na experiência partilha dos dois mundos: com ela, adentramos o mundo das Ideias sem abandonar o mundo sensível. Já no acúmulo de conhecimento a representação pode se afastar do sensível sem que isso cause prejuízo ao deleite por meio da verdade. Schiller (2002) deixa claro que podemos passar de um estado sensível a um estado racional através do conhecimento, mas, ao contrário da beleza, aquele não comprova a subsistência e a atuação conjunta dos dois estados. Exclui-se do pensamento o sentimento, e do sentimento o pensamento, ressaltando, assim, suas características opositivas. Portanto, a beleza sustenta a possibilidade de liberdade moral na medida em que garante a simultaneidade das duas leis que regem o homem: o sensível e o formal.

Na contemplação (Schiller, 2002) o homem é despertado pela beleza de um objeto que o suspende temporalmente, e a forma desse objeto lhe reflete a imagem do infinito. A imagem o liberta da mera sensação e o faz ter consciência do exterior, ocasionando a reflexão. O advento do pensamento faz com que de dominado pela natureza, ele passe a ser o seu observador e, portanto, ela se torna seu objeto de contemplação. A escuridão exterior que o atormentava ganha forma e clareza através do pensamento: a reflexão liga-se tão perfeitamente ao sentimento que parece que sentimos a forma. A beleza "é, portanto, forma, pois que a contemplamos, mas é, ao mesmo tempo, vida, pois que a sentimos. Numa palavra: é, simultaneamente, nosso estado e nossa ação" (Schiller, 2002, p. 127).

A liberdade, alvo primordial das considerações de Schiller sobre a educação estética do homem, advém da oposição dos impulsos fundamentais que agem no homem. Ela é expressão da vontade que exerce sobre os impulsos o seu poder. Nem impulso formal nem impulso sensível podem desempenhar, um sobre o outro, coação ou imposição por meio do poder; apenas a vontade do homem deve legislar sobre os dois. Logo, a apreciação estética do belo, através da configuração formal do objeto, causa um agrado livre, desinteressado, livre de propósitos vitais; nossos impulsos sensíveis se harmonizam com a razão, e é nessa harmonia que a nossa liberdade transparece; sentimos no objeto belo a nossa liberdade dentro da natureza. Mas a beleza é também o efeito da harmonia entre a natureza e o ideal, pois abrange todas as capacidades do ser humano em sua completude, deixando livre todas as suas forças. Por isso, o estado lúdico proporcionado pela arte, além de dar ensejo ao entretenimento, permite ao homem retomar a liberdade, o humanismo perdido na fragmentação: "A humanidade perdeu sua dignidade, mas a arte a salvou e conservou em pedras insignes; a verdade subsiste na ilusão, da cópia será refeita a imagem original" (Schiller, 2002, p. 50).

Do exposto, podemos depreender que a sensibilidade tem papel fundamental na formação do homem. Ela é o ponto de partida para que o homem atinja o ponto máximo de seu desenvolvimento moral e lógico; sem ela, sem a experiência, o conhecimento e o entendimento puro se tornam inválidos para o homem: "A formação da sensibilidade é, portanto, a necessidade mais premente da época, não apenas porque ela vem a ser um meio de tornar o conhecimento melhorado eficaz para a vida, mas também porque desperta para a própria melhora do conhecimento" (Schiller, 2002, p. 47). Portanto, não se pode conceber a estética clássica desprovida da experiência do sentir. Mesmo que ela tenha de ser superada no mundo Ideal, na imagem da beleza pura, ela faz parte do processo criativo do artista clássico e da liberdade que o contemplador sentirá diante do objeto belo.

2.6 O teatro como instituição moral

Em meados de 1793, Schiller começa a empreender alguns estudos sobre o sublime, que acarretarão numa dezena de ensaios que versam sobre a tragédia. Esses trabalhos tentam determinar o lugar e a função da tragédia dentro desse contexto social, e abordam como a arte em seu estado autônomo pode resultar de grande importância para a formação do homem.

Schiller leu a *Poética* por volta de 1797, e, em seus estudos sobre a tragédia, ressoam algumas das categorias de que fala Aristóteles, porém, elas não predominam tanto quanto a filosofia de Kant. Por meio de Kant, Schiller, segundo Rosenfeld (1992, p. 9), procura abordar em seus ensaios a "relação entre as esferas moral, estética e a do mero prazer sensível", que, de um lado, vê a arte como autônoma, mas que também a liga à moral. Disso resulta que Schiller, através do conceito kantiano de *Zweckmäßigkeit ohne Zweck* (adequação a fins sem finalidade), formula uma concepção de estética em que a arte possui valor autônomo e a natureza é subordinada ao mundo da liberdade.

Segundo Schiller (2002, p. 110-111), "o estilo perfeito em cada arte revela-se no fato de que saiba afastar as limitações específicas da mesma, sem suprimir suas vantagens específicas, conferindo-lhe um caráter mais universal pela sábia utilização de sua particularidade". Na tragédia, o patético é a limitação que a afasta da obra de arte verdadeiramente bela, pois ele atua sobre forças particulares do homem, afastando-o do caráter universal que o estilo perfeito deve ter. Contudo, essa limitação é suprimida na medida em que a tragédia é a melhor maneira de suscitar no homem o gosto pela liberdade, pois sua forma se traduz na "imitação de uma ação digna de compaixão" (Schiller, 1992, p. 106). Ela tem o efeito de fazer-nos sentir, na capacidade do personagem, a nossa capacidade de imposição da moral diante do impulso natural, e, ao sustentar a sua autonomia como objeto de entretenimento, a tragédia pode exercer a sua função moral e educativa, não visando o fim moral em si mesmo, mas chegando a ele por meio da plena liberdade estética.

Segundo o autor, o ser humano tem como base do seu entretenimento o estado de emoção e, predisposto a ser atraído por sentimentos que suscitam horror, temor e tristeza, a emoção desagradável é a que mais lhe proporciona prazer. Mas por que nos sentimos atraídos pelo desagradável? A tragédia coloca diante dos nossos olhos um herói que padece, mas que, ao mesmo tempo, nos faz sentir um prazer sublime na disposição moral de seu caráter. Esse prazer suscitado provém de um acontecimento carregado de dor e sofrimento, e nisso temos uma inadequação que se torna adequada na medida em que a disposição moral do personagem luta contra o sofrimento. Somente através da inadequação causada por essa dor é que conseguimos uma adequação moral; temos que ferir o sensível para que o suprassensível se manifeste, e combatemos esse sofrimento causado no sensível buscando ajuda na moral. "Só a resistência pode tornar visível a força" (Schiller, 1992, p. 21), ou seja, a força será proporcional à intensidade do sofrimento, revelando, portanto, o poder empregado pelo homem na resistência ao sofrimento. E quando o sofrimento se torna dor muda e intensa, tão mais elevado é o resultado que se tem dessa resistência, e o entretenimento será tão mais livre quanto o prazer que provier dessa inadequação, que, por sua vez, é uma adequação a fins (*Zweckmäßigkeit*).

A tragédia, portanto, incide em prazer na compaixão, e as categorias que produzem essa adequação a fins são o comovente e o sublime. Elas causam "prazer através do desprazer" (Schiller, 1992, p. 19), que fere a nossa faculdade sensível, mas nos faz tomar consciência de uma faculdade em nós superior, que desperta um status de elevação por um bem supremo e que em nada supera o prazer que sentimos nessa inadequação adequada. Na tragédia (Schiller, 1992), sentimos esta inadequação quando vemos o herói sofrer: uma vez que se trata de um ser virtuoso, seu sofrimento comove-nos dolorosamente porque contraria a natureza do destino de um homem com tal caráter, o que também nos causa sofrimento. Porém, esse descompasso torna-se apropriado, visto que o sofrimento é combatido pela força moral: a conjunção de sentimentos contrários é a base de nossa independência moral. Mais que a harmonização do sensível e do racional proveniente do estado lúdico, a tragédia nos faz superar a conciliação entre os impulsos e nos eleva à categoria em que a força moral, a vontade, prevalece ao sensível e ao formal. Aqui, não há harmonia entre razão e sensibilidade, mas sim o triunfo do homem moral sobre o sensível.

Quando o prazer se origina na faculdade moral, ele é sublime, pois, na medida em que os impulsos sensíveis já não fazem frente à razão, esta se deixa governar por uma instituição suprassensível:

a vontade; somente ela agora prevalece diante dos impulsos. Mais uma vez, a teoria desenvolvida por Schiller sobre o sublime parte de uma matriz kantiana, que delimita o sentimento sublime de forma análoga à delimitação feita do juízo da beleza.

Segundo Safranski (2006), o pensamento de Kant sobre o sublime está intimamente ligado aos estudos desenvolvidos sobre o assunto a partir da segunda metade do século XVIII, principalmente ao escrito de Burke, *Uma investigação filosófica sobre a origem de nossas ideias do sublime e do belo*, de 1757 (primeira edição) e 1759 (segunda edição), no qual é estabelecido um quadro distintivo entre os sentimentos de dor e de prazer, que levam a uma categorização do belo e do sublime. Passando a pensar o sublime a partir do próprio sujeito, Safranski (2006, p. 368) diz que Kant foi o primeiro que entendeu o sublime como a elevação do homem diante do "monstruoso", do excepcionalmente grande.

Em suas *Observações sobre o sentimento do belo e do sublime*, de 1764, Kant (2010, p. 29) dirá que não são tanto as coisas externas ao homem que lhe causam agrado ou desagrado, mas sim o sentimento de prazer ou desprazer que por elas é afetado. Assim, ele divide sua análise do belo e do sublime em duas categorias de ajuizamento estético: o juízo do belo e o juízo do sublime. O seu propósito é investigar como o sentimento sublime e belo afetam o homem de forma a agradá-lo, porém, de maneiras diferentes. Trabalhando sempre com a contraposição de um e outro, Kant vai aos poucos expondo as características de um ajuizamento sublime e belo.

Se, no juízo do belo, Kant (1984) diz que harmonizamos a imaginação e o entendimento, na contemplação do sublime, entretanto, harmonizam-se razão e entendimento. Nessa forma de ajuizamento, elevamo-nos acima de qualquer instância sensível advinda da natureza, e vemos prevalecer nossa razão. Assim, enquanto no belo as categorias do sensível e da razão retiram suas armas de imposição e, numa feliz harmonia, deixam transparecer a beleza do jogo, no sublime, estas armas retornam e vemos a vitória da razão sobre a sensibilidade, que nada pode sobre a determinação da vontade quando a razão resolve assumir o seu controle. Dessa forma, segundo Kant (2010, p. 31-32):

> *El semblante del hombre que se encuentra en pleno sentimiento de lo sublime es serio, a veces rígido y asombrado. Por el contrario, la viva sensación de lo bello se declara en la mirada por su esplendorosa serenidad, por rasgos de la sonrisa y muchas veces, por un regocijo.*

Segundo Lyotard (1993), se Kant, no juízo da beleza, encontra uma eufonia entre a imaginação e o entendimento, pois que estas se encontram em pleno acordo, no juízo do sublime essa relação já é cacofônica, uma vez que "no sublime não é a boa proporção no jogo das faculdades que aí estão em serviço, mas sua desproporção e até sua incomensurabilidade" (Lyotard, 1993, p. 29). No entanto, segundo ele, a análise de Kant encontra-se frente a um paradoxo, pois tenta estabelecer uma "eufonia secreta" dessa cacofonia. Assim, Lyotard (1993, p. 54) diz que Kant "abre uma brecha" na Analítica do Sublime como faculdade estética de julgar, uma vez que não há, nessa forma de juízo, um equilíbrio entre a forma do objeto enquanto produto da natureza e o pensamento como no juízo do belo; há um desequilíbrio, pois (Lyotard, 1993, p. 55)

> A natureza não 'fala' mais aí ao pensamento pela 'escrita cifrada' de suas formas. Aquém ou além das qualidades formais que induziam a qualidade do gosto, o pensamento tomado pelo sentimento sublime só trata, 'na' natureza, das qualidades capazes de sugerir uma grandeza ou força que excede seu poder de apresentação. Essa impotência torna o pensamento surdo ou cego à beleza natural. Divorciado, o pensamento entra em celibato. Pode fazer ainda 'uso' da natureza, mas para seus próprios fins. Torna-se o usuário da natureza. Esse uso é um abuso, uma violência. Dir-se-á que o pensamento, no sentimento sublime, impacienta-se, desespera-se, desinteressa-se em atingir os fins da liberdade pelos meios da natureza.

> A natureza nesse espaço perde sua função na medida em que não participa mais do processo de unificação que ocorre no juízo do belo, pois não é ela que desperta o "sentimento do espírito" (Lyotard,

1993, p. 56), e sim o sentimento sublime, que ultrapassa a faculdade da imaginação buscando uma grandeza que não cabe mais à forma que essa imaginação pode apreender. A imaginação é coagida a representar algo que ela não consegue alcançar, e a razão, que não pode encontrar, no juízo estético, conceitos para a representação do objeto sensível, busca tais conceitos de forma irracional, tentando processar a situação em que foi colocada. O sentimento sublime provoca, então, um "desejo de ilimitado" (1993, p. 58), de "felicidade e infelicidade" (1993, p. 58), que ultrapassa qualquer tentativa de harmonização ou de unificação destas instâncias.

Lyotard (1993, p. 62), portanto, acredita que essa diferença entre o juízo estético do belo e o juízo estético do sublime "é uma diferença transcendental", pois a imaginação em um e em outro possui parceiros diferentes (no belo seu parceiro é o entendimento, no sublime é a razão), o que, consequentemente, faz com que os limites que cada um abarca sejam diferentes. Se o entendimento no juízo do belo tenta delimitar o objeto a partir da apreensão que dele fez a imaginação, no juízo do sublime não há essa delimitação, e a razão assume o lugar do entendimento de maneira a encontrar o ilimitado que escapou à imaginação. Essa elevação da razão faz com que seja suscitado um misto de sensações prazerosas e desprazerosas, que partem justamente da violência que a razão exerce sobre o sensível do homem.

Baseando-se nessa nova caracterização do sublime (Safranski, 2006), Schiller também irá entender o sublime sob o ponto de vista do sujeito que contempla um objeto ou uma ação que, devido à sua grandiosidade, encontra nesse mesmo sujeito uma categoria superior que o eleva acima do sensível. Schiller, seguindo esse pensamento, diz que o homem não se iguala aos animais, pois, além da necessidade natural, há nele uma instância que se chama *vontade*, que não está submetida nem ao sensível nem à razão, embora esteja aliada a esta, sendo o sublime a mescla de dois sentimentos em si contraditórios: o "estar-dorido" e o "estar-alegre", quando unidos, expressam a nossa liberdade moral (vontade) diante do sensível, pois conseguimos mostrar nossa autonomia em relação à natureza.

O papel do dramaturgo na tragédia consiste justamente em jogar com essa mescla de sentimentos, pois, como fonte de prazer na dor, a tragédia é o deleite que consegue transpor os impulsos sensível e formal, proporcionando entretenimento a partir de meios morais; só assim ela pode ser considerada como uma instituição que torna oportuna a educação do homem para a liberdade. Para o desenvolvimento dessa capacidade educativa do teatro, há de se construir personagens que possibilitem ao leitor/espectador uma aproximação de ações e de entendimento, e não é ao acaso que a identificação dessas duas instâncias é essencial. É nessa identificação que sentiremos a dor sensível suscitada no personagem e, consequentemente, sua elevação moral diante de tal dor. Porém, Schiller (1992, p. 16) recomenda que se mantenha um certo distanciamento para garantir que o entretenimento de que participa o espectador seja livre na medida em que mantém "ativas as faculdades espirituais, a razão e a imaginação"; o teatro é a forma de arte que dá ao homem "sustento a toda faculdade da alma, sem sobrecarregar a uma única que seja, e unindo, ainda, à formação do entendimento e do coração, o mais sublime entretenimento" (Schiller, 1992, p. 34).

A possibilidade de encontrar no herói a vontade totalmente livre, corajosa e autodeterminada é, na visão de Schiller, o que agrada nosso gosto estético: o personagem sofre, mas resiste bravamente aos instintos de autoconservação porque sua livre vontade dá forças para essa resistência, revelando seu lado grandioso e comprovando que a sua destinação espiritual ultrapassa a transitoriedade da existência. O herói sofre, mas resiste diante da magnitude de seu caráter moral: ele repete sua vida de desgraça no palco e serve de exemplo aos que o assistem. O teatro, que se utiliza de meios morais para proporcionar o entretenimento, pode ser entendido então como um "auxiliar" da justiça, mas mais potente que suas leis, pois age no âmago do ser humano: "Nosso prazer ante o belo, o comovente e o sublime fortalece os nossos sentimentos morais" (Schiller, 1992, p. 16). O palco nos familiariza com os destinos humanos, com o acaso, e nos dá os meios que fazem com que mantenhamos a nossa vontade frente às imposições. Mesmo diante dos males a que são submetidos os heróis trágicos, nos entretemos porque a liberdade com que enfrentam esses males são superiores ao seu bem-estar; eles renunciam aos interesses vitais por meio de uma livre opção moral, o que nos faz sentir, nessa capacidade de liberdade do herói, a nossa própria liberdade.

A desgraça fictícia, o patético, segundo Schiller (1992, p. 67), "põe-nos em *direta relação* com a lei dos espíritos que impera em nosso peito". Por ser fictícia, ela nos encontra preparados, pois nos atinge como mero produto da imaginação. Ao nos familiarizarmos com essa desgraça por meio do teatro, ganhamos, segundo o autor, vantagem no mundo sensível, pois, a partir do momento em que ela se torna real, estamos preparados para enfrentá-la. Sentimos prazer diante de uma ação que possui dignidade, pois não estamos vivenciando essa ação, mas apenas contemplando-a. Essa distância segura nos permite o prazer sublime. O nosso coração, na ficção, vivencia a desgraça, mesmo que de forma mais amena: "Por essa razão, pode dizer-se que o patético é uma inoculação do destino inevitável, pela qual é privado de sua malignidade, já que o ataque desta é conduzido contra o lado forte do homem" (Schiller, 1992, p. 67).

Entretanto, Schiller, seguindo a teoria kantiana sobre a autonomia da arte, nos diz que não devemos confundir o efeito proporcionado pela tragédia com o seu fim. Segundo o autor, as belas-artes: "têm o fim comum de prodigalizar entretenimento e tornar felizes as pessoas" (Schiller, 1992, p. 14); no entanto, na tentativa de elevar as belas-artes, atribuem a ela um fim moral que primordialmente lhe é estranho. O belo suscita um prazer desinteressado, e o conceito kantiano de *Zweckmässigkeit ohne Zweck* (adequação a fins sem finalidade) é aplicado por Schiller, que vê a arte como finalidade em si mesma, sem um fim que lhe seja estranho. Para Kant (*apud* Korfmann, 2004), o julgamento da beleza necessita de um julgamento estético puro, desligado de qualquer interesse alheio ao gosto, ainda que se possa julgar a beleza a partir de um interesse. A admissão desse tipo de observação em relação ao gosto existe em Kant, porém, a introdução de fins externos na produção da obra de arte tornam-na impossível (Korfmann, 2004, p. 31). Não que não estejam aliados a ela elementos que a tornem útil, que sirvam a uma finalidade que lhe é exterior, mas a sua missão primeira é agradar sem qualquer finalidade que não seja a própria arte.

Assim, a forma do objeto é que deve causar no homem o sentimento de prazer ou até de desprazer, nunca seu conteúdo. Segundo Schiller, obras de arte que visam a um fim moral perdem algo de sua beleza, pois deixam de ter fim em si mesmas; elas são determinadas por heteronomia, e não heautonomia,[17] pois, quando se realiza com um objeto belo do fenômeno um propósito moral, "a forma desse objeto será determinada por uma ideia da razão prática, portanto, não por ele mesmo" (Schiller, 2002, p. 71). Ainda que tenham um cunho moral, nas belas artes essas características devem ser ocultadas de tal maneira que se possa apenas enxergar a sua liberdade enquanto determinação em si mesma:

> O belo é, a rigor, sempre referido à razão prática, porque a liberdade não pode ser um conceito da razão teórica – mas meramente segundo a *forma*, e não segundo a *matéria*. No entanto, um *fim* moral pertence à matéria ou ao conteúdo, e não à mera forma. (Schiller, 2002, p. 71)

O juízo do gosto nesse espaço suscita o deleite exclusivamente pela forma do objeto, e, portanto, a inclinação tem que ficar fora de qualquer ajuizamento do mesmo. Ele une as naturezas sensível e racional do homem, que, em harmonia, promovem com maior facilidade a sua "transição à eticidade", "pois assim ele afirma uma certa *liberdade* nas coisas sensíveis e imprime ao seu tratamento o caráter da *universalidade* e *necessidade*" (Schiller, 2004, p. 35).

A arte, dessa forma, é da categoria do entretenimento que proporciona o deleite moral do homem, e não o contrário. Para Schiller (1992), para se chegar a essa categoria, o caminho percorrido deve passar pelo da moralidade, ou seja, a arte deve utilizar meios morais que alcancem o entretenimento:

---

[17]. Na introdução à *Crítica do Juízo*, Kant denomina heautonomia o princípio em que o juízo estético legisla sobre si mesmo.

Nem o comovente nem o sublime podem, como objetos do *gosto*, prescindir do belo, e ambos têm de subordinar-se ao mesmo. Somente o belo torna a mera obra de arte em produto do gosto. O belo consiste na *forma*, a qual, porém, pode tornar-se visível apenas numa matéria. A matéria da beleza é uma ideia trazida à apresentação. A beleza é apenas uma propriedade da *forma* e não pode ser apresentada imediatamente na massa. (Schiller, 2004, p. 43)

Ao afirmar a sua autonomia é que a bela arte pode exercer a sua função moral e educativa, não visando a moral, mas chegando a ela por meio da plena liberdade estética. Essa capacidade educadora é o efeito da arte, e não o seu fim. Para tanto, Schiller atribui à tragédia a função de "representar sensivelmente o supra-sensível ou de modo visível o invisível; representar, portanto, em termos cênicos, a liberdade do mundo moral (...) mostrando a vontade humana em choque com o despotismo dos instintos" (Rosenfeld, 1992, p. 09).

Disso depreendemos que o sofrimento, para Schiller, é a chave da libertação da alma humana, e é por meio dele que conseguimos alcançar o domínio da moral sobre o sensível. A moral só nos agrada na medida em que atinge o objetivo de libertar o homem; clamamos pelo entretenimento, pelo efeito estético libertador. A arte é formadora do homem na medida em que, como imitadora, consegue atingir o coração do homem livre de limitações. Ela o expõe a uma situação que poderia ser real, causa nele o efeito sublime através de um personagem que age de forma sublime, e lhe garante a vantagem de estar preparado caso o destino funesto se torne real. Nessa relação entre realidade e arte, a arte, por preparar o homem para a realidade, se torna superior a esta na formação do homem.

Assim sendo, na visão de Schiller o ponto central é entender como a arte se comporta em relação ao espírito humano e em relação ao seu momento contemporâneo. A Revolução Francesa despertou, nos intelectuais da época, o interesse em se descobrir o que era realmente a Alemanha, e Schiller (1992, p. 68) adentra a categoria do histórico na intenção de nos provar que, na história, encontramos "cenas patéticas da humanidade em luta com o destino, da irresistível fuga da felicidade, da segurança burlada, da injustiça triunfante e da inocência vencida", que, por sua vez, podem nos fornecer material suficiente para a reflexão sobre momento contemporâneo. Como objeto sublime, a história é, para Schiller (1992, p. 68), um abalo sísmico que destrói, reconstrói e destrói novamente, configurando a luta da humanidade contra o destino, que nos arremessa em direção à felicidade para trazer-nos o infortúnio ou vice-versa. A arte trágica aproveita-se dos atos sublimes que provêm da história para, imitando, instigar a nossa capacidade de sentir o sublime, e o referencial histórico funciona, dentro da obra artística, como um símbolo do real.

Exemplos do uso de temas provenientes da história são encontrados facilmente nas obras de Schiller. Em seus dramas históricos, o autor trata de fatos e personagens verídicos que foram importantes para a definição ou para o fortalecimento de seus respectivos países em termos da criação de uma identidade nacional ou sentimento de nação: Elizabeth I em relação à Inglaterra (na peça *Maria Stuart*), Joana D'Arc na França (*Die Jungfrau von Orleans*), Felipe II na Espanha (*Dom Carlos*), etc. Como se vê, em *Maria Stuart* o período abordado é o das tensões religiosas (entre Igreja Católica, Protestantes e Anglicanos); em *Die Jungfrau von Orleans*, a época é a da ocupação inglesa em solo francês; em *Dom Carlos*, a Espanha redefinia seus laços com as coroas portuguesa e austríaca, e tornava-se potência econômica mundial. Schiller critica, em seus dramas, o excesso e o abuso de poder, e busca, por meio dessa crítica, refletir sobre seu próprio contexto. Essa identificação dos temas à situação histórica segue a linha, portanto, da formação do homem a partir da arte, que o capacita a ser livre e crítico em relação à sua situação atual.

Schiller consegue materializar, em sua produção literária, sua teoria estética, inserindo nas tragédias o homem percorrendo os três níveis – físico, estético e moral – para chegar à liberdade moral. Em suas peças, sentimos o prazer estético de que fala Schiller no momento em que presenciamos a força e a nobreza de seus personagens, que lutam contra os impulsos de auto conservação por meio da força moral que lhes é própria. O herói trágico clássico é aquele que se encontra em uma situação-limite e, nela, expande sua potência de herói, superando sua natureza; ele atira-se ao mundo da liberdade espiritual, caracterizando o triunfo da ideia, da reflexão sobre o impulso natural. Sentimos a inadequação sensível sendo superada pela adequação moral e nos elevamos a partir da capacidade moral dos personagens. A dignidade de cada herói se expande perante o leitor/espectador, atingindo a formação moral de que fala o autor: eles enfrentam seus impulsos para atingir a liberdade moral no suprassensível e partilham essa experiência com o leitor/espectador, que vê no herói a sua possibilidade de liberdade. E o teatro, tido como instituição moral, instiga essa nossa capacidade de sentir o sublime e nos encaminha para a reflexão diante do mundo.

Esse debruçar de Schiller sobre a tragédia nos motivou a escolher o gênero como forma de fundamentar as teorias estéticas sobre graça, dignidade e beleza que expomos até aqui. Percebe-se que o autor transporta suas ideias filosóficas para o plano literário de modo a garantir esse efeito libertador da arte em relação à educação estética do homem, o que nos provoca a eleger uma de suas tragédias como fonte de elucidação dessas propostas estéticas.

2.7 Die Jungfrau von Orleans: a representação do ideal do homem clássico

A partir de 1796, depois de ter escrito seus principais ensaios estéticos, Schiller passa a se dedicar mais à dramaturgia. A trilogia *Wallenstein* (1796-1799), *Maria Stuart* (1800), *Die Jungfrau von Orleans* (1801), *Die Braut von Messina* (1803), dentre outros trabalhos, são representativos dessa fase clássica de Schiller, que busca na arte a reconciliação do homem consigo mesmo. Dentre essas peças, escolhemos a tragédia *Die Jungfrau von Orleans* por ser a que, segundo Schiller (*apud* Safranski, 2006, p. 474), *"fluye del corazón más que las anteriores, donde el entendimiento tenía que luchar con la materia"*. De grande êxito à época de sua representação, a peça retoma a famosa história da jovem camponesa de 17 anos que, no ano de 1429 (Safranski, 2006, p. 475), resolve partir para Orleans no intuito de ajudar o exército francês, na Guerra dos Cem Anos, que estava sendo massacrado pelos ingleses. Joana d'Arc ficou conhecida como a donzela que, inspirada pelo divino, obteve êxito ao libertar a cidade de Orleans do domínio inglês e conduzir o rei Carlos VII vitorioso à sua coroação na cidade de Reims, sendo posteriormente capturada pelo exército inglês e queimada como bruxa no ano de 1431. Segundo Safranski (2006), Schiller ficou tão impressionado com o magnetismo dessa história que se empenhou em estudá-la a fundo, fazendo de Joana d'Arc a sua heroína.

Schiller segue alguns dados da história oficial e subverte outros, resgatando a figura da heroína Joana D'Arc de forma a santificá-la. A peça também se passa durante a Guerra dos Cem Anos e nos conta a história de uma jovem, que, segundo seu pai, era uma menina peculiar, que sempre vivera afastada de todos da sua família, passando a maior parte de seu tempo ao lado de uma árvore cuidando dos animais da fazenda, como que em um transe profundo. Um dia, chega à fazenda de seu pai um outro fazendeiro de nome Bertrand com notícias sobre a tomada de Orleans pelos ingleses, portando em suas mãos um elmo. Johanna, ao ver esse objeto, fica inquieta e tenta de todas as formas apoderar-se dele, e, quando finalmente consegue e o coloca em sua cabeça, é como se um poder mágico fosse incorporado a ela. Em um monólogo, ela explicita que Deus apareceu para ela em sonho e lhe ordenou que, quando tivesse em sua posse um elmo, fosse a Orleans para salvar o reino francês do rei Carlos, que teve seu poder usurpado pelos ingleses com apoio de sua mãe Isabel e de seu irmão Felipe. Ao chegar à guerra, ela move os exércitos com tamanha facilidade, que batalha após batalha é garantido aos soldados o ímpeto para a vitória. Johanna está imbuída de um poder mágico que já nos remete a uma das teorias estéticas desenvolvidas por Schiller: a graça. Assim como o cinto mágico da deusa Afrodite, o elmo transfere a Johanna um poder encantador, que move os exércitos franceses já cansados e desiludidos através de uma força impressionante (Schiller, 2011, p. 57):

TALBOT: Wer ist sie denn, die Unbezwingliche,
Die Schreckensgöttin, die der Schlachten Glück

> *Auf einmal wendet, und ein schüchtern Heer*
> *Von feigen Rehn in Löwen umgewandelt?*[18]

Segundo Schiller (2008, p. 59),

Uma pessoa cansada não pode se pôr em movimento pela força interior, mas tem de receber a matéria de fora e buscar restaurar, pelos exercícios leves da fantasia e pelas passagens rápidas do sentir ao agir, sua elasticidade perdida. Ela o obtém no contato com uma pessoa *encantadora*, que põe em movimento o mar estagnado da sua imaginação pela conversa e pela visão.

Johanna se mostra ao exército francês como essa pessoa encantadora, provida de uma graça que os impulsiona a lutar. Porém, essa graça que primeiro move Johanna e seus exércitos não é ainda a graça em sua total acepção estética. Ela é resultado de um esforço divino, que vem representado na peça pelo elmo recebido por Johanna, um adorno que tem como fim conferir-lhe a graça divina (Schiller, 2011, p. 18):

> *JOHANNA. [...] Ein Zeichen hat der Himmel mir verheißen,*
> *Er sendet mir den Helm, er kommt von ihm,*
> *Mit Götterkraft berühret mich sein Eisen,*
> *Und mich durchflammt der Mut der Cherubim. [...]*[19]

Segundo Fischer (2007, p. 66), a graça é um conceito central na religião cristã, e se define "como um dom sobrenatural indispensável à salvação eterna", em que Deus dá ao homem a possibilidade de participar de sua natureza divina (Fischer, 2007, p. 78). Essa possibilidade necessita, entretanto, da aceitação ou não por parte do homem, que pode recusar através de sua vontade esse poder sobrenatural que Deus quer lhe conferir. Assim, a liberdade de escolha do homem

---

18. "TALBOT. Quem é esta, a invencível, a deusa do terror, que assim muda a sorte das batalhas de uma só vez, e converte em leões o tímido exército de corças covardes?"
19. "JOHANNA. [...] O céu me prometeu um sinal, e me enviou este elmo que vem dele, seu ferro me toca com a força dos deuses, e me inflama o ânimo dos querubins [...]."

faz parte do processo em que a graça se assenta, no entanto, mesmo necessitando dessa consciência do homem em sua recusa ou aceitação, a transformação por que passa o homem na graça divina "é inevitavelmente um processo incognoscível e inexperienciável para o próprio" (Fischer, 2007, p. 80).

Fischer (2007, p. 99) destaca que dos vários processos de transformação pelos quais passou a definição da graça divina, foi de grande importância a reformulação do conceito pela Igreja Católica diante da reação protestante na Europa após as reformas empreendidas por Lutero. Nessa revisão, a graça passou então a compreender duas modalidades: a graça santificante e a graça atual. A primeira se caracteriza por um estado permanente, em que a graça é concebida como uma "*qualidade* sobrenatural inerente à alma humana" (Fischer, 2007, p. 99); a segunda compreende uma ajuda de Deus, uma intervenção divina em atos edificantes, "que permite conferir-lhes uma projecção sobrenatural, uma vez que a pura natureza é fatalmente insuficiente e incapaz de o fazer" (Fischer, 2007, p. 99-100). Na graça atual, portanto, o poder sobrenatural intervém nas ações humanas de forma a conferir a essas ações poderes físicos e morais, o que, segundo Fischer, muito se assemelha à definição de graça no mundo antigo grego, em que esta era vertida nos heróis no intuito de conceder-lhes um poder de encantamento e força sobrenaturais, diferenciando-se apenas a graça divina atual pelo seu caráter de inconsciência desse processo de instauração divina.

Dessa forma, entendemos que Schiller concebe a graça da qual participa sua heroína através desse conceito de graça atual, em que o contato com o divino lhe proporciona força física e moral para empreender o projeto de salvar seu povo das mãos do inimigo. Não há ainda, portanto, na configuração de Johanna, a graça estética largamente abordada por Schiller em *Sobre graça e dignidade*.

No texto, há pelo menos duas passagens que comprovam essa incorporação do divino em Johanna. Na primeira, a heroína está prestes a partir para Orleans e repete as palavras proferidas por Deus na ordenação dos deveres que ela deve cumprir (Schiller, 2011, p. 17-18):

JOHANNA. [...] Geh hin! Du Sollst auf Erden für mich zeugen.

In raues Erz sollst du die Glieder schnüren,
Mit Stahl bedecken deine zarte Brust,
Nicht männerliebe darf dein Herz berühren
Mit sünd'gen Flammen eitler Erdenlust,
Nie wird der Brautkranz deine Locke zieren,
Dir blüht kein lieblich Kind an deiner Brust,
Doch werd ich dich mit kriegerischen Ehren,
Vor allen Erdenfrauen dich verklären.

Denn wenn im Kampf die Mutigsten verzagen,
Wenn Frankreichs letztes Schicksal nun sich naht,
Dann wirst du meine Oriflamme tragen
Und wie die rasche Schnitterin die Saat,
Den stolzen Überwinder niederschlagen,
Umwälzen wirst du seines Glückes Rad,
Errettung bringen Frankreichs Heldensöhnen,
Uns Reims befrein und deinen König krönen![20]

O poder divino fará dela a mais ilustre guerreira, contudo, ela deverá renunciar a qualquer regozijo terreno no cumprimento de seu dever. Johanna aceita a prerrogativa imposta por Deus e é adornada pela graça divina, que lhe possibilita conduzir através de seu vigor físico e de seu poder de encantamento, batalha após batalha, as tropas do rei Carlos à vitória.

Na segunda passagem, o rei, impressionado com a ajuda milagrosa que veio em seu favor, resolve testar a santidade de Johanna e

---

20. "JOHANNA. [...] Vá! Tu deves dar testemunho de mim na terra! Em minério bruto tu deves atar os membros, com aço cobrir o delicado peito. Jamais o amor dos homens deve tocar teu coração, nem as pecaminosas chamas da alegria terrena. Nunca a grinalda decorará teus cachos, nem florescerá um lindo bebê em teu seio, porém te tornarei com a honra guerreira, acima de todas as mulheres da terra te transfigurarei. Quando na batalha os mais valentes desanimarem, quando o reino da França estiver agora próximo de seu destino final, então tu levarás meu estandarte, e como a ceifadora da sementeira, abaterás o orgulho vencedor, rodarás a roda da fortuna, trarás salvação aos heróis filhos da França, libertarás Reims e coroarás teu rei!"

a engana, mandando Dunois sentar-se em seu trono para receber a heroína. Quando ela entra no palácio, rapidamente percebe que não se trata do rei; a onipresença e omnisciência divina a acompanham em todas as ações, pois não é propriamente Johanna que está ali, mas o próprio Deus se materializa em seu corpo.

Deus, ao lhe conceder a graça divina, fê-la renunciar a qualquer ato humano que não fosse executado com o pleno consentimento do espírito que a guia. Porém, mesmo nesse estado de transe em que apenas o divino se deixa mostrar, Johanna já começa a exibir indícios de enfraquecimento da graça divina diante de sua consciência moral, e, em uma das batalhas, um cavaleiro negro misterioso aparece e a adverte para abandonar imediatamente o combate, pois a vitória já está garantida. Ela deve, como última missão, conduzir seu rei a Reims imediatamente. Contudo, Johanna não acredita no cavaleiro, que some subitamente entre relâmpagos e trovões, pensando que ele só pode ter vindo do inferno para lhe trazer a desgraça, e continua na batalha, o que será a sua derrocada. Ao se deparar com Lionel, um comandante inglês, Johanna empreende um combate com ele e, dominando-o, arranca-lhe a armadura que lhe cobre o rosto e olha em seus olhos (Schiller, 2011, p. 91):

> *ergreift ihn von hinten zu am Helmbusch und reißt ihm den Helm gewaltsam herunter, daß sein Gesicht entblößt wird, zugleich zückt sie das Schwert mit der Rechten. [...] In diesem Augenblick sieht sie ihm ins Gesicht, sein Anblick ergreift sie, sie bleibt unbeweglich stehen und läßt dann langsam den Arm sinken.*[21]

A indicação de cena no texto mostra que Johanna "se comove" com a feição de Lionel, o que indica que a impetuosidade com que o divino a fazia matar qualquer adversário que lhe fizesse frente é imediatamente substituída por sua humanidade, que recobra seus direitos. Para Johanna é impossível matar a quem lhe comoveu pelos

---

21. "agarra-o por trás pela crista do elmo e o arranca com violência, deixando seu rosto exposto, ao mesmo tempo ela puxa a espada com a mão direita. [...] Neste momento (em que vai feri-lo) ela vê seu rosto, seu olhar a comove, ela permanece imóvel e, então, baixa lentamente seu braço."

olhos; ela reconhece nos olhos de sua presa a sua própria humanidade, e isso faz com que a heroína abandone o impulso divino que a fazia lutar sem piedade. No entanto, ao recobrar a consciência de seus atos, Johanna fica extremamente perturbada, pois essa comoção por um homem fez com que ela desobedecesse à ordem divina; seu lado humano prevaleceu, dando ao livre arbítrio espaço suficiente para tomar para si o poder, expulsando dela a graça divina que a guiava (Schiller, 2011, p. 96):

> JOHANNA: [...] Ich eines Mannes Bild
> In meinem reinen Busen tragen?
> Dies Herz, von Himmels Glanz erfüllt,
> Darf einer ird'schen Lieben schlagen?
> Ich meines Lander Retterin,
> Des höchsten Gottes Kriegerin,
> Für meines Landes Feind entbrennen![22]

É nesse momento que começa a contestação de Johanna quanto à validade de ter alcançado a graça divina para ser abandonada por ela com um simples sinal de sua humanidade: "JOHANNA: Und bin ich strafbar, weil ich menschlich war?"[23] (Schiller, 2011, p. 96). Para a heroína, a graça divina deveria permanecer com os imortais, que não estão a mercê das "paixões e das lágrimas" como os homens. Ela foi entregue ao mal quando aceitou a missão de sair da simplicidade de sua vida camponesa para entrar no mundo de discórdia e orgulho dos reis. É interessante notar aqui que Schiller não escreveu a peça repleta dessas referências ao catolicismo porque era adepto fervoroso à religião. Muito pelo contrário, ele encontrou na matéria histórica a própria referência para a construção de sua personagem a partir desses elementos – pois é comum a referência a um espírito divino que guiava Joana d'Arc em suas ações – e, com isso, construiu uma argumentação que desembocará na configuração de uma graça

---

22. "Johanna: [...] Eu levo em meu peito virginal a imagem de um homem? Aquele coração que iluminou o céu pode bater por um amor terreno? Eu, a salvadora do meu país, a mais alta guerreira de Deus, incendeio pelo inimigo do meu país!"
23. "E eu sou culpada, porque fui humana?"

estética verdadeiramente condizente ao que se espera de uma ação fundada em princípios morais.

A queda de Johanna e sua descrença na capacidade de continuar sua missão a partir desse momento é evidente: a heroína é marcada pela culpa de ter deixado sua humanidade prevalecer à sua destinação divina, e se acha indigna de carregar o estandarte, sua armadura, sua espada, e até mesmo de conduzir o rei em sua vitória perante o povo de Reims. Porém, ela o conduz à festa da vitória, ainda que por vezes diga que não é digna de estar ali devido ao seu vacilo em relação à ordem divina. Aparecem em cena suas irmãs, os pretendentes delas e o seu pai, que vão assistir à vitória de Johanna. Ao vê-los, a heroína, que já não aguenta mais ser chamada de santa pois sabe que está maculada, abandona o estandarte e vai ao encontro deles. Nesse momento é como se Johanna despertasse de um sonho ruim (Schiller, 2011, p. 110):

> JOHANNA: *Wo war ich? Sagt mir! War das alles nur*
> *Ein langer Traum und ich bin aufgewacht?*
> *Bin ich hinweg aus Dom Remi? Nicht wahr!*[24]

Quando expõem a ela que tudo fora verdade, ela suplica que todos voltem para casa com ela, para que pudesse voltar a viver como pastora. Contudo, nesse momento o rei sai da igreja com toda a sua corte e se dirige a Johanna pedindo-lhe que os explique se ela se trata de um ser humano ou se é uma santa que desceu do céu para salvá-los. O pai de Johanna, que ali estava para desmascará-la, aparece e diz que ela serve ao demônio. O rei, estarrecido com a revelação, suplica a Johanna que se defenda e que diga que sua motivação partiu do reino dos céus, porém, a virtude da heroína lhe impede a defesa, pois essa punição vem para ela como forma de expiar sua culpa de traição ao divino. Aqui, sua ação possui dignidade, pois há no sofrimento uma tranquilidade que expressa a coerção de sua razão sobre qualquer instinto de autoconservação que pudesse influenciá-la a se defender. Impossibilitado de dar a Johanna uma

---

24. "Onde estive? Diga-me! Tudo isso não foi um longo sonho e eu desperto agora? Estou longe de Dom Remi? Não é verdade!"

punição mais severa, o rei ordena à heroína que se retire daquele local e, na fuga, ela é capturada pelos ingleses. Ao ser aprisionada, os seus inimigos a inflamam de ódio na medida em que lhe descrevem o quanto seus exércitos estão sendo massacrados sem a sua ajuda, e o ápice se dá quando Johanna ouve que seu rei está prestes a ser abatido na batalha. Nessa cena, Johanna passa a ser guiada por si mesma, e isso torna a sua ação mais valorosa. Ainda que a graça divina seja sua aliada, pois sua súplica a Deus a faz romper as cadeias que a prendiam, esta está a par e passo com a sua vontade, que não é mais submetida ao espírito que a guia. É nessa batalha que seu poder de encantamento parte de sua livre vontade, e a dignidade da ação se dá por essa imposição da vontade diante da necessidade de autoconservação que se torna adequada moralmente (*Zweckmäßigkeit*). Ela morre salvando sua pátria.

A alegoria criada por Schiller na peça faz com que o elmo seja representativo do poder divino que se instaura em Johanna, no entanto, é acrescido a ela o elemento ético, que, passado o estágio em que Johanna é adornada com a graça divina, é a sua própria vontade que produzirá a graça. Schiller usa do qualificativo graça, da religião católica, para fazer um contraponto ao que realmente pode edificar o homem: sua própria vontade. Em uma carta a Goethe, em 3 de abril de 1801, Schiller (1955, p. 568) diz que é no último ato que entendemos o todo da peça:

> *Von meinem lezten Akt auguriere ich viel Gutes, er erklärt den ersten, und so beißt sich die Schlange in den Schwanz. Weil meine Heldin darin auf sich allein steht und im Unglück von den Göttern deseriert ist, so zeigt sich ihre Selbständigkeit und ihr Charakteranspruch auf die Propheten rolle deutlicher.*[25]

A graça que se manifesta no último ato é completamente diferente da que vem do divino, pois sua fonte é outra. Ela é aquela beleza da alma, que expressa o valor ético do caráter de Johanna que estava

---

25. "Do meu último ato tiro bom agouro: ele explica o primeiro, e assim a cobra morde a própria cauda. Porque nele minha heroína está por conta própria e no infortúnio foi desamparada pelos deuses, mostrando assim com mais clareza a sua independência e o seu caráter reivindicatório sobre o papel de profeta."

escondido sob a austeridade da graça divina. É digno de nota que em algumas passagens da peça, quando Johanna está sem o elmo, a sua aparência acompanha a beleza que a graça estética (*Anmut*) produz, o que pode ser diferenciado pelos próprios termos utilizados por Schiller para a diferenciação desse estado de graça divina (*Gnade*). Na cena quatro do terceiro ato Johanna aparece pela primeira vez sem o elmo, e sua aparência é desprovida de toda a rigidez das cenas anteriores, pois ela possui graça (*Anmut*) (Schiller, 2011, p. 76):

> BURGUND: *Wie schrecklich war die Jungfrau in der Schlacht,*
> *Und wie umstrahlt mit Anmut sie der Friede!*[26]

Já o termo *Gnade* é encontrado em todas as passagens que fazem referência aos benefícios que a vinda de Johanna a Orleans proporcionou ao povo francês (Schiller, 2007, p. 111):

> CARLOS: *Gedankt sei allen, die für uns gefochten,*
> *Und allen, die uns widerstanden, sei*
> *Verziehn, denn Gnade hat uns Gott erzeigt,*
> *Und unser erstes Königswort sei--Gnade!*[27]

Segundo Fischer (2007), o termo alemão utilizado por Lutero na tradução da *Bíblia* para a designação do conceito de graça divina foi *Gnade*, o que tornou o uso desse termo comum para designar a graça que vem dos céus. A palavra *Anmut* somente passará a ser utilizada como correspondente à graça estética na segunda metade do século XVIII (Fischer, 2007), com o ensaio de Johann Joachim Winckelmann, *Von der Grazie in Werken der Kunst*, que delineia os princípios da graça estética.

Utilizando-se, portanto, de dois conceitos que aqui são provenientes de fontes distintas (um vem do reino dos céus, o outro da vontade humana), mas que em certa medida se associam, segundo a tradição, à unicidade que proporcionam ao seu possuidor, Schiller

---

26. "Quão terrível foi a donzela na batalha, e como irradia graça ela na paz!"
27. "Agradecemos a todos que lutaram por nós, e todos os que a nós resistiram, serão perdoados, porque a graça Deus nos concedeu, e nossa primeira palavra real será: graça!"

nos apresenta em sua heroína uma evolução de caráter ético somente possível a partir da queda do divino e da ascensão do propriamente humano. Dominando suas ações através de sua vontade, Johanna apresenta a bela alma que Schiller define como aquela em que (2008, p. 42),

> o sentimento ético finalmente se assegurou de todas as sensações do homem, até ao grau em que, sem temor, pode deixar ao afeto a direção da vontade e nunca corre o risco de estar em contradição com as decisões do mesmo. [...] Com uma leveza, como se somente o instinto agisse a partir dela, exerce os deveres mais penosos da humanidade e o sacrifício mais heroico que ela obtém sobre o impulso natural salta aos olhos como um efeito espontâneo justamente deste impulso. Por isso, ela mesma também nunca sabe da beleza do seu agir e não mais lhe ocorre que se pudesse agir e sentir de outro modo.

Johanna, já consciente de suas ações, possui essa bela alma, que não se preocupa mais em agir por seus instintos, pois todos foram dominados por sua vontade, que já não teme mais, utilizando os termos schillerianos em sua teoria do jogo, a coerção dos impulsos sensível e formal, uma vez que estes, quando agem, operam de acordo com a vontade. A liberdade de seu espírito é prova da dominação dos impulsos, e a expressão dessa liberdade no fenômeno é a graça com que atua a personagem. Essa graça é agora o motor que impulsionará o exército francês a ganhar sua última batalha e libertar a França, e Johanna conduz os exércitos de forma natural, como se a natureza não fosse empecilho para o seu "voo" no campo de batalha. A graça estética, semelhante à graça divina, tem o poder de superar qualquer "deficiência" da natureza que impeça ao movimento do corpo o cumprimento daquilo que lhe ordena a bela alma (Schiller, 2008, p. 43):

> Uma bela alma também verte uma Graça irresistível sobre uma formação a que falta a beleza arquitetônica e, muitas vezes, vê-se ela mesma triunfar sobre as deficiências da natureza. Todos os movimentos que partem dela são leves, suaves e, contudo, vivos. O olho brilhará sereno e livre e a sensação cintilará no mesmo. A boca receberá, da

suavidade do coração, uma Graça que nenhuma dissimulação pode fingir. Não será percebida nenhuma tensão na face nem nenhuma coerção nos movimentos voluntários, pois a alma não conhece nenhum. A voz será música e moverá o coração com a corrente pura das suas modulações. A beleza arquitetônica pode despertar comprazimento, admiração, espanto, mas apenas a graça arrebatará. A beleza tem *adoradores*, mas apenas a Graça tem *amantes*, pois homenageamos o Criador e amamos o homem.

Schiller (2008) dirá que a graça é mais encontrada no sexo feminino, pois a mulher é dotada de leveza, virtude e sua beleza arquitetônica é predisposta ao adorno da graça, enquanto que o homem é mais predisposto à dignidade devido à pureza ética de seu caráter. Nessa concepção, a fina delicadeza da mulher, representada pela jovem donzela Johanna, não é compatível aos atributos necessários para vencer uma guerra, pois sua fragilidade e sua disposição à inclinação não correspondem ao ideal de homem herói salvador, que não cede facilmente às inclinações e que possui força física suficiente para lutar em uma guerra. Esse pensamento é encontrado no texto através das palavras de um oficial inglês que se depara com Johanna (Schiller, 2011, p. 59):

> MONTGOMERY. [...] *Wohin entrinn ich! Schon ergreift sie mich*
> *Der Blicke Schlingen nimmer fehlend nach mir aus.*
> *Um meine Füße, fest und fester, wirret sich*
> *Das Zauberknäuel, daß sie gefesselt mir die Flucht*
> *Versagen! Hinsehn muß ich, wie das Herz mir auch*
> *Dagegen kämpfe, nach der tödlichen Gestalt!*
> *(Johanna tut einige Schritte ihm entgegen, und bleibt wieder stehen)*
> *Sie naht! Ich will nicht warten, bis die Grimmige*
> *Zuerst mich anfällt! Bittend will ich ihre Knie*
> *Umfassen, um mein Leben flehn, sie ist ein Weib,*
> *Ob ich vielleicht durch Tränen sie erweichen kann!*[28]

---

28. "MONTGOMERY. [...] Para onde eu posso escapar! Ela já se apodera de mim pelos laços do olhar, que nunca se ausentam de mim. Nos meus pés, firme e mais firme, ela emaranhou o novelo mágico, que atou me impossibilitando a

A que Johanna responde (Schiller, 2011, p. 60):

> JOHANNA. *Nicht mein Geschlecht beschwöre! Nenne mich nicht Weib.*
> *Gleichwie die körperlosen Geister, die nicht frein*
> *Auf ird'sche Weise, schließ ich mich an kein Geschlecht*
> *Der Menschen an, und dieser Panzer deckt kein Herz.*[29]

Assim, Johanna é a mulher que desafia os limites da natureza, que luta como um homem devido à sua graça, que, por sua vez, a faz superar qualquer entrave que a natureza possa lhe impor.

Se pensarmos na teoria do jogo descrita por Schiller nas cartas *Sobre a educação estética do homem*, podemos transpor as ideias que expressam a graça divina e a graça estética para a categoria dos impulsos. Podemos dizer que Johanna passa por dois impulsos para atingir a elevação de sua vontade: o primeiro, representado pela ascensão de Johanna ao divino através da *Gnade*, é o impulso formal, em que o ser, livre de limitações, se amplia de tal forma que se torna imutável e eterno – por isso a configuração divina dada à personagem; o segundo, que se dá com a queda de Johanna ao ceder à compaixão que sente por Lionel, é o impulso sensível, em que o ser é limitado e torna-se matéria, sendo dominado pela sensibilidade. Quando finalmente esses impulsos são harmonizados, a beleza do jogo transparece e por meio dela os impulsos são dominados pela imposição da categoria suprassensível: a vontade.

O ideal do homem clássico é representado nessa harmonia dos impulsos, em que Johanna, à medida que cumpre a tarefa para a qual foi designada, controla o ímpeto e reconhece na conciliação dos impulsos a liberdade que só pode ser alcançada através do equilíbrio. Mesmo que o cumprimento dessa tarefa ocasione a sua morte,

---

fuga. Tenho eu que olhar, como o meu coração também contra a batalha, para a forma da morte! (Johanna dá alguns passos em direção a ele e para de novo) Ela está chegando! Eu não quero esperar que a fúria me ataque primeiro! Vou suplicar de joelhos, implorando por minha vida. Ela é uma mulher, talvez eu possa comovê-la através de minhas lágrimas!"

29. "JOHANNA. Não invoque o meu sexo! Não me chames mulher. Como o espírito imaterial, que não é livre em seu modo terreno, eu não me associo a nenhum sexo dos homens, e esta armadura não protege nenhum coração."

a heroína ultrapassa a existência para, no gozo da morte, triunfar o alcance de sua destinação moral: "o sacrifício da vida a serviço de um objetivo moral ganha um alto sentido final, porque a vida nunca é importante por si mesma, como fim, mas tão-só como meio para os fins morais" (Schiller, 1991, p. 24). A morte do herói, para Schiller, não pode ser entendida como um infortúnio: a situação trágica na qual o personagem se encontra exige que esta aconteça para se atingir o fim moral. Ela é a representação da nobreza de caráter do herói que necessita renunciar à natureza para atingir um estado superior e, assim, alcançar a liberdade moral. Sentimos o prazer estético de que fala Schiller no momento em que presenciamos a força e a nobreza da heroína ao abrir mão de lutar por sua existência física e rumar com coragem, serenidade e firmeza para salvar os seus. Essa inadequação de sentimentos é adequada, na medida em que sentimos prazer na elevação que o ser alcança com a morte. Sua dignidade e valor mítico se expandem perante o leitor/espectador, atingindo a formação moral de que fala o autor. É o prazer na compaixão que sentimos pela heroína que ativa essa faculdade moral, que entra em confronto com este sentimento e intensifica nossa apreciação artística da dor da personagem.

    O herói trágico, segundo Schiller (1992), enfrenta o despotismo dos instintos impondo sua vontade acima de qualquer ato de autoconservação; através da representação desse embate, vemos a liberdade moral desfilar diante de nossos olhos, transparecendo na representação o suprassensível, o invisível. Johanna personifica esse embate de impulsos em que a vontade prevalece. Ela cai em desgraça porque desequilibrou a harmonia geral, ou seja, suas ações, seu vacilo diante do divino, levaram-na a praticar um ato que desestruturou a ordem estabelecida. Entretanto, para que ela fosse reconhecida pelo público como heroína, esse vacilo foi necessário, pois a legitimou como alguém capaz de sentir antes mesmo de aparecer como ser racional. Ela precisa demonstrar que sua alma sente "o sofrimento intensa e intimamente" (Schiller, 1992, p. 116), e que, para tanto, necessita que a sua racionalidade seja subjugada e dominada pela compaixão que lhe é despertada pela vida humana. Schiller concilia em Johanna a selvageria da guerra e a delicadeza bela de uma donzela de dezessete anos, que, movida por uma instância divina, age após a queda, também de forma divina.

É interessante notar que a divinização inicial da heroína foge ao *status* do herói trágico descrito por Schiller. Segundo Kant (1992, p. 71, nota nº 23),

> É, sem dúvida, uma limitação da razão humana, que nem sequer dele se há-de separar, o facto de não podermos pensar valor moral algum de importância nas acções de uma pessoa sem, ao mesmo tempo, tornar humanamente representável esta pessoa ou a sua manifestação [...]; com efeito, a fim de para nós tornarmos apreensíveis qualidades sobrenaturais, precisamos sempre de uma certa analogia com seres naturais. Por isso, um poeta filósofo atribui ao homem, enquanto tem de combater em si uma propensão para o mal, e inclusive por si mesmo, contanto que a saiba vencer, uma posição mais elevada na escala moral dos seres do que aos próprios habitantes do céu, os quais, em virtude da santidade da sua natureza, estão subtraídos a toda sedução possível.

Para Kant, o poeta-filósofo ao mesmo tempo em que aproxima seus heróis da figura humana, também os diviniza, tornando-os todos semelhantes à imagem de Jesus, por exemplo, que são tentados, mas conseguem agir de forma moral, buscando alcançar o divino. Afora a propensão para o mal, da qual Schiller discorda de Kant, a elevação do personagem ao divino é, para Schiller (1992), algo que também necessita de uma aproximação com o humano, pois o seu completo afastamento repele a figura do personagem do leitor/espectador, impedindo uma identificação. Para o autor, os heróis muito virtuosos não são recomendados, pois, quando o são em demasia, afastam a participação do espectador na identificação com o mesmo. Em contrapartida, essa identificação não pode ser exagerada, posto que é necessário que se mantenha um certo distanciamento para que o espectador não se deixe levar pelo exacerbamento de sentimentos. Ele deve conservar a sua plena liberdade para que consiga fruir o prazer que o sentimento sublime proporciona, e o dramaturgo deve manter uma variação dos sentimentos suscitados pela tragédia para que o distanciamento seja sustentado. Dessa forma, o poder imaginativo do leitor/espectador permanece ativo e não o faz sucumbir pela emoção, que lhe tira o prazer da fruição estética. A liberdade dos sentidos é essencial.

Por isso, após a divinização inicial da heroína, Schiller nos mostra a fraqueza, a emersão da natureza sensível da personagem, que em um momento de fúria deixa transparecer sua humanidade. Johanna é abandonada pelos deuses ao ver-se novamente como alguém que é movida também por necessidades físicas, já que o sofrimento alcança a sua racionalidade. Além disso, a culpa por matar seus inimigos ultrapassa a força divina que penetrou seu corpo, fazendo-a sentir mais profundamente este abandono. Contudo, essa separação do divino será fundamental para que a heroína perceba a sua força e a sua liberdade enquanto ser moral, pois é a partir da imposição da sua vontade e do enfrentamento do divino por essa vontade que ela passará a lutar por um ideal que se tornou produto de sua livre decisão moral. Ela se torna autônoma. É como se, ao atuar sob a influência divina, a heroína não tivesse liberdade, fosse apenas um corpo que se deixa levar pelo divino, uma marionete kleistiana que só se movimenta quando o seu Deus se dispõe a emprestar-lhe a alma; ao recobrar a sua liberdade, ela expõe toda a força que o seu caráter possui, ou seja, a verdadeira liberdade. A primeira influência (divina) acontece do externo para o interno; a segunda (moral) ocorre do interno para o externo, e, por isso, é mais verdadeira. A heroína passa por todas as privações e mesmo assim a sua serenidade e capacidade de liberdade nos surpreende devido à dignidade de suas ações. Ela renuncia aos interesses vitais através de uma livre opção moral, e aceita conscientemente os males que sofrerá.

É interessante notar que Schiller, atendendo a essa proposição de mescla de sentimentos que são encenados na tragédia, utiliza uma técnica de distanciamento e aproximação do espectador que tem por intenção mantê-lo ativo durante a representação. As cenas de batalha na peça, em sua maior parte, ou são narradas – portanto, temos conhecimento da situação da guerra e dessa força física e encantadora da personagem Johanna através do olhar de outro personagem –, ou ocorrem em cena por meio do embate verbal ou corporal da heroína, sempre com apenas um personagem. Schiller serve-se dessas duas formas de representação visando o equilíbrio de emoções suscitadas no espectador. Segundo Horácio (2005, p. 60), em sua *Arte poética*,

> As ações ou se representam em cena ou se narram. Quando recebidas pelos ouvidos, causam emoção mais fraca do que quando, apresentadas à fidelidade dos olhos, o espectador mesmo a testemunha; contudo, não se mostrem em cena ações que convém se passem dentro e furtem-se muitas aos olhos, para as relatar logo mais uma testemunha eloqüente. Não vá Medeia trucidar os filhos à vista do público; nem o abominável Atreu cozer as vísceras humanas, nem transmudará Procne em ave ou Cadmo em serpente diante de todos. Descreio e abomino tudo que for mostrado assim.

Se a narração causa menor impacto emocional nos espectadores e os atos de violência devem acontecer apenas fora de cena, Schiller irá transportar essas recomendações horacianas para a composição de uma técnica que visa manter um certo distanciamento do espectador em relação ao que está sendo representado, mas que logo o resgata para dentro do turbilhão de sentimentos que a tragédia suscita. Schiller (1992, p. 97) dirá que "Os sofrimentos de que somos testemunhas nos afetam com muito mais intensidade do que aqueles de que chegamos a saber apenas por narração ou descrição". Assim, a sua recomendação é a de que a intensidade de sofrimento que é proporcionada ao espectador deve ser variada, para que se mantenha o seu poder imaginativo ativo e não o faça sucumbir pela emoção tão facilmente (Schiller, 1992, p. 103):

> Essa variação reanima a sensibilidade exaurida, e a gradação das impressões desperta a auto-ativa faculdade para uma relativa resistência. Essa faculdade terá de encontrar-se em atividade contínua, a fim de afirmar a sua liberdade contra a coação da sensibilidade, sem, porém, vir a obter a vitória senão no fim, e, muito menos, ser subjugada na luta. Do contrário, no primeiro caso é anulada a dor e, no

segundo, a ação, sendo que só a união de ambas desperta a emoção. É justamente no hábil comando desse embate que repousa o grande segredo da arte trágica.

O dramaturgo deve conservar a plena liberdade do espectador para que este consiga fruir o prazer que o estado de elevação da personagem lhe proporciona, mantendo uma variação dos sentimentos suscitados para que o distanciamento seja sustentado. Porém, não apenas através da narração pode se dar essa quebra. Mesmo em cena, o dramaturgo pode se valer da variação de sentimentos suscitados para manter o distanciamento. Assim, encontramos na peça *Die Jungfrau von Orleans* essas duas formas de quebra do *pathos*.

Comecemos pelas cenas de narração. As cenas em que ocorre a narração de atos de violência e de sofrimento servem, na peça, a três propósitos: cumprem o papel suprimir a dificuldade de representação de eventos de grandes proporções, como as batalhas que contêm muitos soldados; por ser uma narração, distanciam o espectador da exacerbação de sentimentos diante do sofrimento ou da violência; e, além disso, criam, na imaginação do espectador, a imagem de uma heroína terrível e, ao mesmo tempo, encantadora.

Na maior parte dessas cenas de narração, deparamos-nos com personagens que apenas passam pelo palco fugindo das batalhas. O palco se torna uma espécie de caminho de fuga, em que ficamos sabendo por meio dos soldados que por lá passam a situação da batalha, mas que também nos descrevem o comportamento da heroína Johanna em batalha. Por exemplo, no ato II, cena V, o exército inglês atravessa o palco fugindo da fúria da donzela: "*Flieht! Flieht! Wir sind alle des Todes!*"[30] (Schiller, 2011, p. 57), e Montgomery, um soldado inglês, nos narra o espanto que Johanna causa (Schiller, 2011, p. 58-59):

> MONTGOMERY. [...] *Weh mir! Was seh ich! Dort erscheint dir Schreckliche!*
> *Aus Brandes Flammen, düster leuchtend, hebt sie sich,*

---

30. "Fujam! fujam! Estamos todos mortos!"

Wie aus der Hölle Rachen ein Gespenst der Nacht
Hervor.[31]

No ato III, cena VI, há novamente esse tipo de narração: a indicação de cena nos mostra "soldados fugindo ao fundo do palco", enquanto Talbot chega à cena para sucumbir por ter sido ferido mortalmente. Não nos é mostrado o comandante sendo ferido, mas a violência, que se dá fora do palco, é narrada por ele, abrandando o impacto que tal violência causaria no espectador. Contudo, esse abrandamento logo é suprimido por um discurso comovente do comandante inglês e a sua morte (Schiller, 2011, p. 86):

> TALBOT. *Bald ists vorüber und der Erde geb ich,*
> *Der ewgen Sonne die Atome wieder,*
> *Die sich zu Schmerz und Lust in mir gefügt—*
> *Und von dem mächtgen Talbot, der die Welt*
> *Mit seinem Kriegsruhm füllte, bleibt nichts übrig,*
> *Als eine Handvoll leichten Staubs.--So geht*
> *Der Mensch zu Ende--und die einzige*
> *Ausbeute, die wir aus dem Kampf des Lebens*
> *Wegtragen, ist die Einsicht in das Nichts,*
> *Und herzliche Verachtung alles dessen,*
> *Was uns erhaben schien und wünschenswert—*[32]

A sua queixa da dor de abandonar a vida se dá no palco, o que retoma o efeito patético abrandado pela narração anterior. A mesma variação de sentimentos é utilizada na morte de Johanna. As cenas que antecedem a sua entrada no palco, já ferida, narram a força com que a heroína retoma o poder e consegue derrotar o exército

---

31. "MONTGOMERY. [...] Ai de mim! O que vejo! Lá aparece a terrível! Das chamas do fogo, com sombrio fulgor, ergue-se, como um fantasma que sai da garganta do inferno à noite."
32. "TALBOT. Logo tudo estará terminado e eu darei de volta à terra, ao eterno sol estes átomos, que se aglomeraram em mim para a dor e o prazer – e do poderoso Talbot, que preencheu o mundo com sua fama guerreira, não restará nada, além de um punhado de pó. Assim chega o homem ao fim, e a única vantagem que nós tiramos da luta da vida, é o conhecimento sobre o nada, e o desprezo cordial de tudo o que nos parecia sublime e digno de desejo."

francês, mas nem uma palavra é dita sobre o ferimento que Johanna sofre (Schiller, 2011, p. 134):

> SOLDAT. *Mitten*
> *Im Kampfe schreitet sie--Ihr Lauf ist schneller*
> *Als mein Gesicht--Jetzt ist sie hier--jetzt dort--*
> *Ich sehe sie zugleich an vielen Orten!*
> *--Sie teilt die Haufen--Alles weicht vor ihr,*
> *Die Franken stehn, sie stellen sich aufs neu!*
> *--Weh mir! Was seh ich! Unsre Völker werfen*
> *Die Waffen von sich, unsre Fahnen sinken—*
> [...]
> SOLDAT. *Grad auf den König dringt sie an--Sie hat ihn*
> *Erreicht--Sie reißt ihn mächtig aus dem Kampf.*
> *--Lord Fastolf stürzt--Der Feldherr ist gefangen.*[33]

Cria-se, com esta descrição, uma sensação de regozijo pela vitória da heroína, que logo será convertida em tristeza por sua morte. A felicidade que acontece fora do palco será transformada em tristeza dentro do palco, pois a sua morte, depois também de um belo discurso, se dará em cena (Schiller, 2011, p. 136-137):

> JOHANNA. *Seht ihr den Regenbogen in der Luft,*
> *Der Himmel öffnet seine goldnen Tore,*
> *Im Chor der Engel steht sie glänzend da,*
> *Sie hält den ewgen Sohn an ihrer Brust,*
> *Die Arme streckt sie lächelnd mir entgegen.*
> *Wie wird mir--Leichte Wolken heben mich—*
> *der schwere Panzer wird zum Flügelkleide.*

---

33. "SOLDADO. Ela se lança no meio da batalha – sua corrida é mais rápida que meu rosto – Agora ela está aqui – agora está lá – Eu a vejo em muitos lugares ao mesmo tempo! – Ela divide as multidões – e tudo se dispersa a sua frente. Os franceses estão em pé, ela se coloca novamente! – Ai de mim! O que vejo! Nosso povo curva suas armas, nossa bandeira cai –
[...]
SOLDADO. Gradativamente ela avança [em direção] ao rei – Ela o alcança – Arranca-o poderosamente da batalha. – Lord Fastolf é derrubado – O comandante está preso."

Hinauf--hinauf--Die Erde flieht zurück—
Kurz ist der Schmerz und ewig ist die Freude!
(Die Fahne entfällt ihr, sie sinkt tot darauf nieder-- Alle stehen lange in loser Rührung--Auf einen leisen Wink des Königs werden alle Fahnen sanft auf sie niedergelassen, daß sie ganz davon bedeckt wird)[34]

Assim, nesse grupo de narrações, as indicações de cena sobre a fuga dos soldados, a narração das batalhas e a morte dos personagens em cena permitem-nos associar o palco a uma extensão do campo de batalha, ainda que as batalhas em si não sejam travadas nele. Os sentimentos suscitados mantêm a variação descrita por Schiller que propicia o entretenimento do espectador mantendo-o ativo, sem o deixar sucumbir pelo extremismo das emoções. O autor joga com essa variação de sentimentos de forma a manter um certo distanciamento do espectador, mas o atrai suficientemente para fazê-lo compartilhar do ideal que ali está sendo representado.

Safranski (2006, p. 478) diz que, à época de Schiller, a peça *Die Jungfrau von Orleans* foi recebida com grande entusiasmo e que a esse entusiasmo se mesclaram os primeiros sentimentos patrióticos, contrários à expansão do império napoleônico na Alemanha:

> *El público no veía en* La doncella de Orleans *no sólo una pieza mágica de tipo romántico, sino que además percibía en ella un mensaje político. En la figura de la mística militante veía el renacimiento nacional de Francia. ¿No habría necesidad también en Alemania de semejante figura con dotes de caudillo carismático? Schiller había suscitado en el escenario el encanto de una política salvadora.*

Prestes a entrar sob o domínio napoleônico, a Alemanha fragmentada da época de Schiller se vê diante de uma força externa que

---

34. "JOHANNA. Vedes no ar o arco-íris? O céu abre suas portas de ouro, lá está ela, resplandecente, em meio ao coro de anjos, segurando o eterno filho em seu peito, com os braços esticados ao meu encontro, ela sorri. Como me sinto – Nuvens claras me levantam – A pesada armadura converte-se em roupa alada. Para cima - Para cima – A terra foge para trás. Curta é a dor e eterno o prazer! (A bandeira cai [de suas mãos], em seguida Johanna cai morta – Todos permanecem muito tempo em solta comoção. Em um aceno silencioso do rei, todas as bandeiras são suavemente colocadas sobre ela, que a cobrem completamente)".

pretende se estabelecer como governante do país, assim como na peça, vemos Johanna lutar contra forças externas que dominavam a França durante a Guerra dos Cem Anos. E o cenário não poderia ser mais propício: como um país que lutou para ser governado pelos seus pode querer impor seus domínios sobre outros países? A perspicácia com que Schiller abordou o tema e elevou a figura de Joana D'Arc à categoria de mártir, figura essa anteriormente categorizada por Shakespeare como bruxa e satirizada por Voltaire, dão o tom da tentativa de Schiller de promover a revolução através da arte. A literatura intenta na prática o que a teoria na filosofia propõe.

Assim, a heroína de Schiller é parâmetro para entendermos essa ideia de homem clássico na medida em que suas ações são permeadas por uma racionalidade que busca controlar os ímpetos e que reconhece na harmonia a liberdade que só pode ser alcançada por meio do equilíbrio. Partilhamos de seu sofrimento, mas essa dor é curta perto do infinito prazer que alcançamos diante da magnitude de seu caráter: *"Kurz ist der Schmerz und ewig ist die Freude!"* (Schiller, 2011, p. 137).[35]

---

35. "Curta é a dor e eterno o prazer!"

CAPÍTULO 3
HEINRICH VON KLEIST E A BUSCA PELA GRAÇA

No classicismo de Schiller, o projeto de educação estética do homem, pautado na idealização de um estado de humanidade que resolve o dualismo kantiano entre inclinação e dever, encontra, na conciliação entre estes dois termos, em essência antitéticos, o processo de humanização do homem. Se, em Schiller, como vimos no capítulo anterior, a graça, a bela alma, é resultante da harmonia de dois estados opositivos, em Heinrich von Kleist, e nos românticos em geral, a conciliação desses contrários, como veremos a seguir, não existe. A graça, enquanto produto de um estado de inocência que acompanha o homem racional provido de consciência, perde com a estética romântica a validade, e qualquer tentativa de conciliação entre a inocência, que integra o homem à natureza, e a consciência, que o imerge em cultura, está condenada ao fracasso. Apenas no extremo de um desses dois estados é possível encontrar a graça.

Suas concepções estéticas sobre a graça e suas obras literárias surgem num ambiente de mudanças significativas. A Revolução Francesa e a posterior dominação napoleônica sobre a Europa, o Iluminismo e a ascensão de grandes filósofos que passaram a enfocar o papel do homem nesse mundo conturbado fizeram com que a obra de Kleist pendesse para uma poesia que foge aos ideais clássicos desenvolvidos por Schiller e Goethe, encarando a realidade sob a perspectiva do homem que é jogado nesse mundo caótico e tem de enfrentar a realidade degradada.

A sua ânsia por um estado de consciência que permita ao homem viver harmonicamente no mundo faz com que ele se depare basicamente com dois filósofos que nortearão o desenvolvimento de suas obras: Rousseau e Kant. Como leitor de Rousseau, Kleist incorporou o conceito de "bom selvagem" de tal maneira em sua vida e obra que abandonou a cidade para viver como camponês na Suíça. Sua leitura um tanto equivocada da metáfora criada por Rousseau e sua aversão à sociedade corrompida da época encontraram no filósofo o refúgio para descobrir o homem que fosse bom por natureza, que ainda não tivesse sido corrompido pelas instituições e ideologias sociais. Segundo Lukács (2012), o rousseauísmo de Kleist nasce de uma fraqueza do Iluminismo alemão, que, diferentemente dos franceses, abdica de uma crítica social, deixando florescer apenas o culto à razão. Nos franceses, Kleist encontra, então, solo fértil para o desenvolvimento de uma aproximação do homem a um ideal que possibilite a sua vivência harmônica no mundo, e desperta, com isso, o cultivo de sentimentos puros, bons, que tenham origem na natureza e no amor do homem para com o outro.

No entanto, a sua busca por um estado de inocência, em que o homem, integrado à natureza, alcança a felicidade perdida com a expulsão do paraíso, cai em total descrédito, pois, o homem, como ser de consciência, jamais pode conciliá-la à inocência. Nasce, nesse solo cultivado, a famosa crise kantiana. Como nos ensina o *Über das Marionettentheater* (*Sobre o teatro de marionetes*, 1810) de Kleist, apenas a inocência pura ou a consciência total são capazes de resgatar a graça do homem, e, com isso, a sua felicidade. Nessa proposição, é possível perceber uma porção de Rousseau, mas também de Kant. Se o narrador de *Über das Marionettentheater* visa encontrar a graça que se esvaiu do homem quando este foi expulso do paraíso e rompeu com o estado de inocência que lhe era característico, o que ele encontra é apenas uma esperança de que possivelmente haja um retorno, contudo, é um retorno clandestino, pela porta dos fundos do paraíso, sem a alternativa de se desvencilhar da consciência que o atormenta. A felicidade está ligada diretamente ao sonho de encontrar no paraíso perdido a reconciliação definitiva da humanidade com a inocência que a integra à natureza. Porém, nesse caminho, há o novo patamar a que Kant elevou a razão humana: ela é agora o agente principal para o pleno desenvolvimento moral da humanidade e o filtro que absorve a realidade e a dispõe à consciência do indivíduo.

Grande parte dos críticos da obra de Kleist, como Anatol Rosenfeld (2008), Seán Allan (2001), Hans Ulrich Gumbrecht (2008), Rodrigo C. de P. Castro (2012), dentre outros, diz que o autor não compreendeu a filosofia kantiana, e muitos chegam a dizer que Kleist nem tenha lido de fato os textos originais do filósofo, mas apenas seus comentadores, como acredita Ernst Cassirer, em *Heinrich von Kleist und die Kantische Philosophie* (*Heinrich von Kleist e a filosofia kantiana*), que nos diz que, provavelmente, Kleist não tenha lido a obra de Kant, e sim a obra de Fichte. De qualquer forma, o mundo iluminista, no qual Kleist havia crescido e acreditava, desmoronou com a interpretação que ele fez da ideia de razão kantiana. Para Kleist, Kant destruíra o mundo empírico e a verdade intrínseca a ele ao questionar a que ponto a razão nos possibilita o conhecimento da realidade. Se a Kant interessava descobrir o papel da razão no desvendamento da realidade, o que abalou Kleist foi a ideia de que a realidade é apreendida pelo homem a partir de um ponto de vista subjetivo, que chega à razão por meio da compreensão que a sua consciência faz subjetivamente dessa realidade. No trecho da famosa carta dirigida à sua noiva em 22 de março de 1801, Kleist (1960, p. 1.280-1.281) manifesta o vazio que a teoria kantiana causou em seu âmago:

> *Vor kurzem ward ich mit der neueren sogenannten Kantischen Philosofie bekannt – und Dir muss ich jetzt daraus einen Gedanken mitteilen, indem ich nicht fürchten darf, dass er Dich so tief, so schmerzhaft erschüttern wird, als mich. [...]*
> *Wenn alle Menschen statt der Augen grüne Gläser hätten, so würden sie urteilen müssen, die Gegenstände, welche sie dadurch erblicken, sind grün – und nie würden sie entscheiden können, ob ihr Auge ihnen die Dinge zeigt, wie sie sind, oder ob es nicht etwas zu ihnen hinzutut, was nicht ihnen, sondern dem Auge gehört. So ist es mit dem Verstände. Wir*

> können nicht entscheiden, ob das, was wir Wahrheit nennen, wahrhaft Wahrheit ist, oder ob es uns nur so scheint. Ist das letzte, so ist die Wahrheit, die wir hier sammeln, nach dem Tod nicht mehr - und alles Bestreben, ein Eigentum sich zu erwerben, das uns auch in das Grab folgt, ist vergeblich –
> [...] Mein einziges, mein höchstes Ziel ist gesunken, und ich habe nun keines mehr -. Seit diese Überzeugung, nämlich, dass hienieden keine Wahrheit zu finden ist, vor meine Seele trat, habe ich nicht wieder ein Buch angerührt.
> Ach, es ist der schmerzlichste Zustand ganz ohne ein Ziel zu sein, nach dem unser Inneres, froh-beschäftigt, fortschreitet – und das war ich jetzt –[1]

Kleist retirou da filosofia idealista de Kant um ceticismo que não fazia parte das intenções do filósofo de Königsberg e sobre ele refletiu o desmoronamento de seus princípios. Segundo Gerd Bornheim (2007, p. 96),

> Onde o filósofo de Koenigsberg (Kant) pretende delimitar e dar ao conhecimento humano um itinerário seguro, isento de incertezas e de assédios cépticos, Kleist vê apenas a certeza do cepticismo, a definitiva ruptura entre o homem e o mundo. Kant é para Kleist a confirmação e a tragédia do cepticismo. E desse momento em diante, a luta pela

---

[1]. "Recentemente, me familiarizei com a mais nova filosofia kantiana - e agora eu tenho que comunicar a você um pensamento, por ele não posso temer, pois é tão profundo, se agita tão dolorosamente quanto eu. [...]
Se todos os homens tivessem, no lugar dos olhos, lentes verdes, então teriam de julgar que os objetos vistos, através deles, são verdes – e nunca seriam capazes de decidir se o seu olho lhes mostra as coisas como são, ou se não se acrescenta às coisas algo que não pertence a elas, mas ao olho. O mesmo acontece com o entendimento. Nós não podemos decidir se o que chamamos de verdade seja verdade realmente, ou se apenas se parece verdade para nós. Se o último, então a verdade que nos reúne aqui, não nos reunirá mais após a morte - e todos os esforços para adquirir uma propriedade que nos segue até a sepultura, são em vão – [...] Meu único, meu mais alto objetivo caiu, e agora eu não o tenho mais -. Desde essa crença, ou seja, que aqui na terra não há verdade a ser encontrada, que estava diante da minha alma, eu não mais toquei em um livro. [...]
Oh, é o estado mais doloroso estar sem uma meta para o nosso coração ocupar-se alegremente, progredir - e eu estava agora."

felicidade, a busca febril do caminho que possa garanti-la, torna-se impossível e mesmo autodestruidora.

Assim, a apreensão da essência da realidade, da coisa-em-si kantiana, torna-se, para Kleist, impossível, pois essa realidade pura, ao ser assimilada pelo homem, passa pelo crivo da reflexão, que dela faz uma representação. Ela é, portanto, uma imagem criada de forma subjetiva que pode ser enganosa à medida que parte de uma impressão do homem diante da realidade. Porém, se Kant atribuiu a essa representação feita pela reflexão um caráter subjetivo, ao mesmo tempo ele expôs a sua validade universal na confluência de representações e experiências possíveis que o homem pode partilhar com o outro, e não deixou fechada completamente a possibilidade de uma compreensão do mundo. Apenas essa compreensão deveria ser feita levando em consideração a revolução provocada pelo próprio pensamento kantiano, que mudou o foco do ponto de vista na análise da natureza: não mais a natureza nos fornece o conhecimento, mas o nosso conhecimento busca, na natureza, objetos que correspondam a ele, ou seja, há um conhecimento *a priori* que é aplicado a um objeto de modo a criar uma representação, um conceito sobre esse objeto. Kant instaurou em Kleist um mundo desconhecido, com o qual ele não sabia lidar nem tampouco podia escapar. Segundo Thomas Mann (1976, p. 19),

> *For whilst Kleist had been convinced that individual human beings could avail themselves of reason in order to transcend the conventional constraints of social existence, his encounter with the philosophy of Kant now seemed to call into question that very possibility and with it, his faith in the ideal of self-cultivation or* Bildung.[2]

A formação iluminista, o *Bildung* de Kleist e a sua representação objetiva do mundo, fiável na crença de que a razão pode dar as devidas explicações a tudo, foram destruídas pela razão de Kant

---

2. "Por enquanto Kleist estava convencido de que os seres humanos individuais poderiam valer-se da razão, a fim de transcender os limites convencionais da existência social, o seu encontro com a filosofia de Kant parece pôr em causa a própria possibilidade e, com isso, a sua fé no ideal de auto-cultivo ou *Bildung*."

ou sua má interpretação sobre ela. Ele entendeu a consciência como um obstáculo na busca da verdadeira essência do mundo, e a relegou à condição de deturpadora dos sentimentos puros do homem, que não encontram morada na sociedade corrompida pelo engano, pela aparência. Segundo Hohoff (1977, p. 39),

> *Lo que probablemente no comprendió Kleist bien en Kant es el carácter eurístico de la categoría del 'como sí' introducida por Kant, no recorriendo hasta el fin el camino kantiano, que desemboca en una fundamentación de la experiencia de la realidad con nuevos medios. Kleist no pasó de una comprensión que concordaba con su propia situación anímica, es decir, la de la incertidumbre, la inseguridad y la ambigüedad de todos los fenómenos, por una parte, y el carácter falaz de nuestra razón y de los sentimientos, por otra.*

É inegável, portanto, que Kant tenha exposto Kleist a uma grande colisão com a razão; extremamente perturbado, o autor, ao contrário de Schiller, que elevou a razão de Kant ao status de agente fundamental no desenvolvimento moral do homem, combateu-a com a exacerbação dos sentimentos provenientes do instinto, do inconsciente. Kant, segundo Lukács (2012), exerceu em Kleist um efeito aniquilador e fez emergir um niilismo radical, que desacredita na imagem criada pela razão da realidade circundante. Segundo Thomas Mann (1976, p. 9):

> *His scientific ambition, his quest for truth, had suffered a shock through the study of Kant's philosophy, which overthrew all his moral and intellectual notions. It had suddenly dawned upon him that truth and perfection are not within our reach, and that all our knowledge is conditioned by the peculiar nature of our ratiocination. This insight overwhelmed him.*[3]

---

3. "Sua ambição científica, sua busca pela verdade, tinha sofrido um choque, através do estudo da filosofia de Kant, que derrubou todas as suas noções morais e intelectuais. De repente ocorreu-lhe que a verdade e a perfeição não estão ao nosso alcance, e que todo o nosso conhecimento é condicionado pela natureza peculiar do nosso raciocínio. Esta visão o dominou."

A subordinação da realidade à apreensão subjetiva da razão realizada por Kant, na visão de Kleist, fez com que este desacreditasse na *Wahrheit*, ou seja, na verdade que sustentava a sua existência. Assim, Kant, ou o próprio Kleist, o confinou no dilema nunca resolvido do afastamento do homem da felicidade pela consciência, da inocência como único meio de integração definitiva à natureza; a verdade perdeu a sua validade e tornou Kleist um cético, um descrente na possibilidade de alcançar novamente um status de felicidade. O conhecimento intelectual o afastou da verdade e somente a inconsciência, ou a total consciência, que consiga apreender a verdadeira essência do mundo, pode devolvê-la. No entanto, como recuperar a inocência depois de o pensamento intelectual ter atingido tamanho desenvolvimento? Talvez a solução proposta no *Über das Marionettentheater*, de voltar ao paraíso pela porta dos fundos após a aquisição pelo homem de conhecimento infinito, seja a sua tábua de salvação, ainda que essa volta seja provida de uma segunda inocência, que abarque todo o conhecimento. A profunda ironia presente nesse retorno reside justamente no fato de que o homem não mais se desvencilha de seu estado de cultura. Dessa forma, enquanto Kant encontrou na razão a via segura para o desenvolvimento moral do homem, livre da corrupção à qual a inclinação sensível pode encaminhá-lo, Kleist, na via contrária, entendeu a razão kantiana enquanto instância que afasta o homem da felicidade e o joga em um mundo de aparências deturpadas.

Não só a Kant ou a Rousseau, entretanto, pode ser atribuída a revolta de Kleist em relação à degradação da realidade. Também as condições precárias em que vivera o jovem desde sua infância e as guerras napoleônicas despertaram em Kleist um nacionalismo fervoroso, em que o ódio a Napoleão é levado ao extremismo fanático de combater a realidade sempre malsucedida. Na condição de militar prussiano, era nítido, para Kleist, que a corrupção empreendida por Napoleão dos ideais revolucionários malogrou o pouco que ainda lhe restava de esperança. Essa época fez insurgir no escritor um forte nacionalismo, que foi traduzido em sua obra por meio de poemas que incitam a violência extrema contra os franceses, e mais especificamente contra Napoleão. É nessa onda reacionária que ele escreve *Die Hermannsschlacht* (*A batalha de Hermann*), que, segundo Lukács (2012, p. 243), é "o único drama alemão dessa época no qual o anseio de libertação dos alemães – apesar de todos os conteúdos reacionários – é configurado de maneira grandiosa", pois, nesse drama, aparece como tema a tentativa de Hermann de libertar o povo germânico da dominação romana. Surge assim, em sua obra, um extremismo de sentimentos que buscam se eximir da razão corruptiva a qualquer custo. A arte proposta em Kleist escapa à poesia que busca reconstruir o ideal grego de unidade perfeita e que tem como base a moralidade; suas obras, portanto, vão pelo caminho da dúvida e destacam sempre a desgraça como o grande destino do homem. Se, para os românticos, a quebra dos limites da poesia era necessária para uma maior aproximação com a vida que ela representa, o que Kleist faz é exatamente trazer para o seu texto personagens que representam o cotidiano conturbado, mas que ultrapassam a margem que os separa do doentio. As injustiças a que a vida os coloca são tratadas sempre com fúria extrema. Essa descrença na ordem universal produz um tipo de arte que se pauta em paixões patológicas, em guerra, violência, desejo e, principalmente, na abdicação do estado de consciência, prezando pelo sonambulismo, pelo estado de êxtase bacante, revelando personagens obsessivos, doentios. Segundo Rosenfeld (2008, p. 45), em Kleist,

> A consciência é o verme que corrói a unidade, separa os homens, transforma tudo em aparência e mentira e lança a confusão na certeza profunda dos sentimentos irrefletidos; ela emaranha as pessoas numa desconfiança mútua que cresce com cada tentativa de restabelecer a confiança, a ponto de o próprio diálogo, em vez de aproximá-las, muitas vezes aumenta a sua solidão, envolvendo-as num tecido de ambiguidades, mal entendidos e suspeitas.

Ao homem, nesse emaranhado de mal-entendidos, somente lhe resta desconfiar do outro, o que lhe deixa inevitavelmente em uma situação de solidão. Assim, em suas obras, a consciência se torna o grande vilão, pois ela é o intermédio entre a realidade e o homem: este não consegue enxergar a essência da realidade, concebendo-a somente a partir da aparência que ele extrai dessa realidade. A recriação de Kleist, em seus contos e dramas, dessa atmosfera de engano, em que tudo o que se mostra como verdade para o personagem em realidade não passa de um embuste, revela a intenção do autor em elevar a ideia de que somente o verdadeiro conhecimento da essência das coisas e das pessoas pode revelar a verdade do mundo. Dessa forma, seus personagens percorrem grandes sagas em busca dessa verdade, que, na maior parte das vezes, devido ao engano, torna-se sua ruína.

Em suas novelas e peças teatrais, portanto, ficam evidentes os fracassos a que são levados os personagens em busca de felicidade. Em *Das Erdbeben in Chili* (*O terremoto no Chile*, 1806), os amantes Jeronimo Rugera e Josephen são condenados à morte por terem consumado um amor proibido. De forma milagrosa, são salvos por um terremoto que acontece em Santiago exatamente no momento em que Josephen iria ser decapitada. Em meio ao alvoroço, o casal consegue se livrar de seus cativeiros e encontram na natureza o refúgio ideal. Lá, deparam-se com outros cidadãos, que, após o assolamento por que passou a cidade diante da terrível força da natureza, estão imbuídos de nobres sentimentos. Bem ao estilo do "bom selvagem" de Rousseau, a população, restituída à natureza, supera as diferenças antes marcadas por suas posições sociais e passam a ajudar uns aos outros:

> *Und in der Tat schien mitten in diesen gräßlichen Augenblicken, in welchen alle irdischen Güter der Menschen zugrunde gingen und die ganze Natur verschüttet zu werden drohte, der menschliche Geist selbst wie eine schöne Blume aufzugehn.* (Kleist, 1960, p. 916)[4]

Porém, a população, que antes participou da comunhão diante da desgraça, ao se reintegrar ao meio social, volta-se contra o casal numa busca irracional de atribuir todo o mal causado pelo terremoto à sua ação pecaminosa.

---

4. "E de fato parecia que, em meio a esses momentos terríveis, em que todos os bens terrenos dos homens pereceram, e toda a natureza ameaçava derramar-se, o próprio espírito humano, como uma linda flor, renascia".

Dessa forma, nessa novela, Kleist nos mostra que o triunfo da natureza sobre a civilização expõe os sentimentos mais nobres das pessoas, igualando-as ao ponto de não haver a sobreposição de um ao outro, mas sim a cooperação mútua. Entretanto, o mero retorno à civilização e a voracidade de atribuir a causa de uma situação inexplicável ao casal evidenciam que a sociedade corrompe o homem e o impossibilita de enxergar a pureza de sentimentos, pois está apenas refletindo sobre uma realidade enganosa.

Em *Michael Kohlhaas* (1808), Kleist nos apresenta um herói que decide fazer justiça por suas próprias mãos e leva ao extremo esse sentimento puro que era natural a ele: Kohlhaas reúne um exército de homens que também se sentiam excluídos das leis oficiais e causa várias mortes e a destruição de diversas cidades. Se o seu sentimento de justiça era sua maior qualidade, ele também se torna, quando se transforma em obsessão, em sua ruína, e nisso reside o paradoxo do personagem: a sua busca por justiça acaba por torná-lo injusto. A realidade que se aparentava a ele de forma ordenada é destruída pela corrupção que os valores morais puros adquirem diante do espelho da realidade aparente que tudo inverte. Se, antes de agir com violência, Kohlhaas procura resolver sua causa de todas as formas legais possíveis, enfatizando, assim, seu caráter de homem de bem, ao se deparar com a deturpação de valores, a sua retidão ultrapassa os limites da virtude e desemboca numa violência extremada, que reflete a própria violência por ele sofrida. O herói da narrativa (Lukács, 2012) busca pelo valor de justiça em uma sociedade que de antemão é injusta. E não há, para esse herói, uma possibilidade de reconciliação com essa sociedade, pois a tentativa já está condenada ao fracasso.

Em *Die Verlobung in St. Domingo* (*O noivado em Santo Domingo*, 1811), por sua vez, o tema é o da corrupção do amor frente à imposição das leis humanas, que são concebidas em uma realidade aparente que não permite o pleno desenvolvimento de um sentimento tão puro, como o amor, sem que este fira essas leis. O amor impossível de Gustav por Toni, respaldado na realidade enganosa, faz com que ele, não sabendo das reais intenções de sua amada, a mate com um tiro. O amor corrompido pela realidade aparente impede que

Gustav enxergue em Toni a pureza de sentimentos, pois todas as circunstâncias da realidade, todos os indícios mostravam a ele que Toni era uma traidora. Passados pelo crivo da reflexão, os acontecimentos indicam uma realidade enganadora que cria julgamentos falsos dessa realidade, e a desgraça vem como a confirmação de que o homem, afastado da inocência, somente consegue viver o infortúnio, nunca a felicidade.

Talvez a novela que destoe um pouco dessa incredulidade na salvação humana é *Der Zweikampf* (*O duelo*, 1811), pois é a única em que temos um *happy ending*. A estrutura da narrativa, desde o início, já se enquadra no jogo de aparências que Kleist cria: começamos a ler a história e pensamos que tratará da morte de um irmão pelo outro, porém, essa morte é motivo para desenrolar outra história, a da honra de uma dama. Para escapar da acusação de ter matado seu irmão no intuito de roubar-lhe a coroa, o conde Rotbart conta, em seu julgamento, que passara a noite nos aposentos de Frau Littegarde, a quem tinha por amante. Frau Littegarde, consternada com tal acusação, busca apoio de sua família, no entanto, diante das evidências de tal crime, é rechaçada de sua casa, sendo acolhida por Herr Friedrich, que a amava e era por ela correspondido. Sem acreditar em nenhum momento na culpa de Frau Littegarde, Herr Friedrich propõe um duelo ao conde Rotbart. Herr Friedrich, entretanto, é ferido gravemente no duelo, o que faz com que todos acreditem na culpa de Frau Littegarde. Ela é presa, mas Herr Friedrich, que não morre e se recupera rapidamente, ainda acredita em sua inocência. O conde, que havia sido ferido levemente no duelo, passa a ficar gravemente doente devido ao ferimento, e descobre que a acusação contra Frau Littegarde foi errônea, pois naquela noite ele havia se deitado com Rosalie, uma das acompanhantes da viúva, que o ludibriou, fazendo-o acreditar que se tratava de Frau Littegarde. Assim, as acusações em relação à viúva são desfeitas, o conde é condenado à morte, pois confessa que realmente havia matado seu irmão, e Frau Littegarde e Herr Friedrich se casam. O final feliz da novela conta com mais um ponto positivo na obra: a confiança que o amor desperta em Herr Friedrich. Ao contrário de Gustav, Herr Friedrich acredita na honra de sua amada e não deixa que a aparência de realidade, que confluía para a culpa de Frau Littegarde, abale o seu sentimento puro. Talvez essa seja a marca que garante a felicidade ao casal no fim da novela. O verdadeiro ludibriado pela aparência de realidade, o conde Rotbart, é condenado à morte, enquanto àqueles que não se deixaram corromper é garantida a felicidade.

As peças teatrais também seguem essa mesma linha temática na medida em que seus personagens partilham dessa visão de realidade deturpada. Em *Die Familie Schroffenstein* (*A família Schroffenstein*, 1802), o amor shakespeariano entre Romeu e Julieta é encenado agora por Ottokar e Agnes, que desafiam suas famílias para vivenciar o amor proibido. Contudo, ludibriados pelas aparências, seus próprios pais acabam por matar seus filhos, que haviam trocado suas roupas para poderem se salvar. O medo da traição, do engano, corrompe os patriarcas e os fazem cometer o crime atroz. Em *Das Käthchen von Heilbronn* (1807), *Penthesilea* (1808) e *Prinz Friedrich von Homburg* (1811), o sonambulismo dos personagens os faz ser vítimas de vários enganos: Käthchen segue obstinadamente o conde Friedrich Wetter, tomada por uma paixão avassaladora, até que descobre sua origem nobre – ela era filha do imperador – o que lhe possibilita o casamento com o nobre conde. Penthesilea, cegada pela possível traição de Aquiles, o caça como a um animal e devora seu peito, em um completo estado de inconsciência. O príncipe Friedrich, tomado pelo sonambulismo, não ouve as instruções do príncipe eleitor para a batalha e acaba por agir de forma contrária ao ordenado, o que o faz ser condenado à morte.

As razões da existência humana ganham grande importância nesse ideário kleistiano, que contesta até mesmo a busca pela felicidade, que de antemão está destinada ao fracasso. Ao ser quebrada a possibilidade de se encontrar a verdade do mundo por meio da razão, segundo a visão de Kleist, pelo pensamento kantiano e pela realidade destruidora que o circunda, é quebrada também a possibilidade de se alcançar a felicidade plena. O mundo assim visto por meio do olhar pessimista kleistiano será representado de maneira a evidenciar os percalços por que passa o homem diante da impossibilidade de ser feliz. Quanto mais próximo o personagem parece estar da felicidade, mais longe é arremessado pela força dos mal-entendidos que a realidade ocasiona. O mundo corrompido é movido por uma aparência exterior que impossibilita ao homem enxergar a essência do outro; a cegueira humana impede sua realização plena e sempre o induz ao erro; dessa forma, a desgraça se torna o destino do homem. Segundo Peter Szondi (2004, p. 130),

> [...] em Kleist, os sinais que o mundo das aparências oferecem ao homem para que ele encontre seu caminho o conduzem, invariavelmente ao erro. E quanto mais precisos os sinais parecem ser, mais eles conduzem ao erro.

A aparência não revela a essência do mundo natural. Ela apenas atraiçoa quando não é consultada a natureza do coração humano. Segundo Rosenfield (2011, p. 148), esses níveis de realidade podem ser considerados como uma antecipação da "inquietante desorientação moderna", pois tudo o que a consciência abarca é fluido, passageiro e se torna verdade apenas por um momento. Esses níveis são seguidos, segundo a autora, *ad infinitum*, pois a verdade escorrega por entre os graus de consciência, tornando-a "efêmera". Criada essa "multiplicidade de focos e perspectivas", a realidade é subvertida (Rosenfield, 2011, p. 149):

> Perceber e representar a experiência viva abre o acesso a um vórtice de experiências espiralares que se desmentem mutuamente, dragando o observador-narrador para um redemoinho assustador de descobertas que esclarecem, pouco a pouco a (in)verdade das verdades e dos sentimentos mais íntimos e (in)autênticos.

A modernidade de Kleist, portanto, pode ser entendida por esse jogo de aparência e essência, que enfoca os diversos níveis de realidade a que a aparência conduz o homem: nada que não seja essencialmente natural, que não emane do sentimento puro, é condenado pela aparência à desgraça. Se os nobres sentimentos de cada um desses personagens fossem compreendidos acima de qualquer engano, a culpa aparente não teria se sobreposto e os atos de violência não seriam necessários. Segundo Szondi (2004), o que Kleist demonstra é que quando se consegue a aproximação com o outro através do coração, quando se consegue conhecer o outro através do puro sentimento, é que se consegue voltar ao estado de inocência do paraíso perdido do *Teatro de Marionetes*. Segundo Rosenfeld (2008, p. 49), em Kleist

> não há mais a fé dos clássicos numa coexistência hierárquica real dos princípios, mas o sonho utópico de um estado em que o espírito se transformasse totalmente em natureza ou a natureza totalmente em espírito: idealismo ou naturalismo extremos.

A consciência total revela um conhecimento que se dá de forma natural e que abarca a essência do homem e das coisas-em-si. Ao não mais ser enganado pela aparência do mundo exterior, o homem recupera um estado de inocência que agora envolve todo o conhecimento. Essa é a volta ao paraíso pela porta dos fundos. Se pensarmos no cultivo de sentimentos puros como uma abertura para o estado de inocência, a obra de Kleist não pode ser considerada de todo niilista. Entretanto, a frequente discrepância entre realidade e aparência dá à sua obra um tom realista inexorável, que estabelece uma tensão vertiginosa por meio de uma linguagem violenta, frenética, como se a cada enfrentamento do personagem com a realidade este tencionasse ultrapassar a barreira da mentira que o aprisiona. Os diálogos são, nessa linha, a tradução de uma ânsia por compreensão do mundo, que só consegue alcançar o mal-entendido, a ambiguidade que afasta ainda mais um personagem do outro.

Segundo Séan Allan (2001), ainda que Kleist acentue esse lado negativo da razão humana, ele não recusa o desejo que o homem possui por conhecimento, por iluminação. Em 1801, Kleist (*apud* Allan, 2001, p. 31) faz uma viagem a Paris e fica impressionado diante do desenvolvimento tecnológico da cidade, o que o faz pontuar que "*Denn der Mensch hat ein unwidersprechliches Bedürfnis sich aufzuklären. Ohne Aufklärung ist er nicht viel mehr als ein Tier. Sein moralisches Bedürfnis treibt ihn zu den Wissenschaften an, wenn dies auch kein physisches täte"*.⁵ Assim, Séan Allan (2001, p. 31) nos diz que Kleist, ao se deparar com essa sociedade iluminada, reconheceu nela uma abordagem unilateral à razão, que desconsiderou o componente ético do ser humano:

> It was precisely in such 'self-regulating' mass societies with their pseudo-rational underpinning that human beings became anonymous figures, relived of the burden – and cheated of the rewards – of individual responsibility. In a society where individuals could not be held personally responsible for their actions, the perpetration of wicked deeds had been greatly facilitated.⁶

Foi nesse ambiente que Kleist passou a se dar conta do caráter utilitarista que a arte estava imbuída. Se no início do século XIX o fantasma de Napoleão assombrava a Alemanha, isto se refletia claramente na produção e recepção de obras artísticas. Segundo Séan Allan (2001), há nesse período um grande volume de romances triviais, que saciavam e corrompiam o gosto de um povo encurralado pelo medo que havia se instalado na população alemã com as diversas investidas de invasão por Napoleão. Kleist sentiu os efeitos de tais produções literárias, que buscavam seduzir o leitor fragilizado através do sentimentalismo extremo e da constante imitação de modelos pré-fabricados. Se essa época produziu os maiores escritores de língua alemã, também produziu escritores que se contentavam em imitar modelos que já haviam obtido certo sucesso.

Dessa forma, Kleist irá pontuar (Allan, 2001) que a verdadeira obra de arte não é aquela em que forma e conteúdo estão devidamente harmonizados pela técnica habilidosa do escritor, mas sim aquela em que se verificou a força do gênio em sua composição, a

---

5. "O homem tem um anseio incontestável por iluminação. Sem iluminação (esclarecimento) ele não é muito mais que um animal. Seu anseio moral leva-o ao conhecimento, ainda que suas necessidades físicas não."
6. "Foi justamente em sociedades de massa que tais "auto-regulações", com sua sustentação pseudo-racional, que os seres humanos tornaram-se figuras anônimas, revividas do fardo - e enganadas das recompensas - de responsabilidade individual. Numa sociedade em que os indivíduos não poderiam ser pessoalmente responsáveis por suas ações, a perpetração de atos perversos tinha sido muito facilitada."

demonstração de que aquilo que se está representando parte de um sentimento autêntico, original. Não se trata do desprezo de obras que prezam por um modelo clássico, mas que conformam em si o toque do gênio – como as obras carregadas desse espírito genial de Goethe e Schiller. Cabe ao artista valorizar aquelas obras que demonstram a sua criatividade. Para Kleist (Allan, 2001), o jovem artista deve olhar para as obras dos antigos, para sua técnica, como os novos cientistas olham para as produções dos antigos cientistas: com um olhar de progresso. Nunca se deve copiar o antigo, mas, ao olhar para trás, o poeta tem de perceber em si algo de novo, que traduza a sua visão de mundo, o seu modo criativo. A imitação nunca é boa, apenas o novo, o criativo, o gênio que produz o original ganha a beleza.

A forma comedida dos clássicos, portanto, já não faz frente a Kleist. O encontro dele com Schiller e Goethe em Weimar fez com que o último classificasse a sua obra como doentia (Rosenfeld, 1993), mas nem mesmo isso aplacou a voracidade com que Kleist construiu a sua literatura. Ainda que se possa encaixá-lo de maneira ampla na estética romântica, Kleist foi daqueles autores impossíveis de classificação devido à particularidade de sua obra e da sua forma de encarar a literatura.

Segundo Lukács (2012, p. 235), o teor anticlássico da obra de Kleist conseguiu suplantar o humanismo de Schiller e Goethe, nos apresentando uma "barbarização dionisíaca da Antiguidade Clássica", que desconstrói o humanismo clássico e abre possibilidade para a exposição do homem isolado no mundo, em constante conflito com a realidade que o circunda. Esse embate com a realidade se traduz em sua obra a partir de personagens que, movidos por paixões monomaníacas, caem em estado de inconsciência, renunciando a essa realidade apavorante e solitária. Segundo Lukács (2012), ainda que a tensão os encaminhe para esse estado de sonambulismo, fica latente uma consciência do mundo exterior que os faz tremer com a possibilidade, inevitável, de despertar do sonho, como em *Penthesilea*. A experiência da realidade quebra a avidez com que o homem deseja alcançar a ascensão e reflete o quão odioso pode se tornar viver essa realidade.

Assim, neste capítulo, será feita uma leitura crítica da obra *Über das Marionettentheater* tendo em vista a desconstrução do projeto clássico schilleriano. Mostraremos que a graça em Kleist não resulta do equilíbrio entre natureza e razão – que, em Schiller, é obtido por meio da educação estética do homem –, e sim no extremo de um estado e outro. Essa desconstrução dá embasamento para o desenvolvimento de uma literatura que joga com a ambiguidade e reflete uma realidade corrompida, que se esfacela quando se vai além das aparências. A análise da peça *Penthesilea* reflete o desenvolvimento dessa desconstrução do modelo clássico de Schiller e destaca a ascensão de um novo ponto de vista em relação à mitologia da Antiguidade Clássica, que repercute em sua obra através da recriação do mito em torno da rainha amazona, os sentimentos que fragmentam o homem moderno.

3.1 *Über das Marionettentheater*: o retorno clandestino ao paraíso perdido

O ensaio *Über das Marionettentheater* (*Sobre o teatro e marionetes*) foi publicado pela primeira vez no diário berlinense editado por Kleist, *Berliner Abendblätter*, em quatro partes, entre os dias 12 e 15 de dezembro de 1810. Enquanto Schiller fundamenta sua teoria sobre a graça buscando no mito grego do cinto de Vênus a essência do conceito estético *Anmut*, Kleist irá recorrer à passagem bíblica da expulsão de Adão e Eva do paraíso para compor um ensaio que dá as bases de seu pensamento filosófico acerca do conceito em questão.

Partindo da imagem da marionete que ganha vida por meio dos fios que a conectam ao seu manipulador, Kleist constrói o seu texto numa espécie de diálogo socrático, em que, através de uma discussão quase teatral entre o narrador e um bailarino, é criada uma grande teia filosófica sobre a graça e os desdobramentos da inserção do homem na cultura, que o afastou da inocência original.

Nesse texto híbrido, em que se amalgamam narrativa, teatro e filosofia, temos uma sequência de três narrativas estruturadas em *mise en abyme*, que se inicia com a discussão entre o primeiro bailarino da Ópera da cidade e o narrador da história sobre a graça misteriosa que envolve os mecanismos de funcionamento das marionetes, aprofundando essa reflexão com duas outras histórias, a do jovem e do urso esgrimista, que comprovam o desconcerto que a consciência, o conhecimento, causa à graça natural. Essa estrutura desemboca numa exaltação cada vez maior da inconsciência ou da total consciência que possibilitam ao homem a sua plenitude, impossível no estágio de cultura em que ele se encontra. Com esse texto, Kleist procurou encontrar as causas desse mundo despedaçado e corrompido que o cercava; com ele, entendeu uma pequena parte do profundo enigma de que é constituído o ser, e o trabalhou de forma esplêndida ao metaforizá-lo na figura da marionete e do Deus. Ele deu resposta à discrepância fundamental entre o ideal que apenas fazia parte do sonho e da realidade enganosa à qual o homem estava inserido, retirando o véu que encobria a verdade que ele tanto buscava.

De tal modo, a marionete e a sua graça misteriosa aparecem nessa narrativa como símbolo desse desvendamento da realidade enganosa que é motivo frequente na obra de Kleist. Na primeira narrativa, que serve de ponto de ligação entre as demais, vemos o primeiro bailarino da Ópera da cidade e o narrador da história num teatro de marionetes em uma praça discutindo sobre os mecanismos de funcionamento desses bonecos. Segundo o bailarino, cada movimento feito com as marionetes possui um centro de gravidade, e os seus membros funcionam como pêndulos: quando o centro é movido em linha reta pelo manipulador, os membros das marionetes desempenham curvas e quando sacudidos, parecem criar ritmo, como se estivessem dançando. Dessa forma (Kleist, 2012, p. 80),

> *Jede Bewegung, sagt er, hätte einen Schwerpunkt; es wäre genug, diesen, in dem Innern der Figur, zu regieren; die Glieder, welche nichts als Pendel wären, folgten, ohne irgendein Zutun, auf eine mechanische Weise von selbst.*[7]

---

[7]. Todas as traduções de citações deste conto são de autoria de José Filipe Pereira, Edição: ACTO. Instituto de Arte Dramática, 1998. "Cada movimento tinha o seu centro de gravidade; bastava dirigi-lo a partir do interior da figura; os membros,

O movimento de dança, segundo Kleist, não poderia ser exercido por um maquinista que não possuísse sensibilidade, pois a alma desse manipulador é transportada para o centro de gravidade da marionete. Assim, uma vez que a alma do maquinista é transportada para o ser inanimado que ganha a vida daquele que o manipula, a marionete, segundo o bailarino, jamais pode ser associada a uma forma mecânica e vazia de alma, que se move à mercê de movimentos mecânicos. E não só ao bailarino caberia essa capacidade de transporte da alma à boneca, mas também ao artista que produz a marionete é colocada a missão de construí-la de forma a possibilitar esse transporte. Apenas uma marionete produzida por um artista que conseguisse criá-la de forma a lhe disponibilizar "*Ebenmaß, Beweglichkeit, Leichtigkeit - nur alles in einem höheren Grade; und besonders eine naturgemäßere Anordnung der Schwerpunkte*"[8] (Kleist, 2012, p. 82) seria capaz de produzir movimentos de dança que nem o mais talentoso bailarino conseguiria reproduzir.

Na articulação da boneca, portanto, a alma do manipulador, quando em movimento, é transportada para o ser inanimado a partir da linha que une marionete e operador. Essa linha é o elemento fundamental para que a sensibilidade do maquinista transpareça nos movimentos da marionete (Kleist, 2012, p. 80):

Dagegen wäre diese Linie wieder, von einer andern Seite, etwas sehr Geheimnisvolles. Denn sie wäre nichts anders, als der Weg der Seele des Tänzers; *und er zweifle, dass sie anders gefunden werden könne, als dadurch, dass sich der Maschinist in den Schwerpunkt der Marionette versetzt, d. h. mit andern Worten,* tanzt.[9]

---

que não eram senão pêndulos, seguiam por si mesmos, sem outra intervenção, de forma mecânica."
8. "[...] harmonia, mobilidade, leveza — mas a um mais alto grau; e sobretudo uma distribuição dos centros de gravidade que seja mais conforme à natureza."
9. "Por outro lado, no entanto, esta linha era extremamente misteriosa. Porque ela não era senão *o caminho que conduz à alma do bailarino*; e ele duvidava que o maquinista pudesse encontrá-la de outra forma senão colocando-se no centro de gravidade da marionete, ou por outras palavras, *dançando*."

O movimento de dança da marionete seria, portanto, uma espécie de tradução da alma do bailarino que, por meio da linha que o une à boneca, encontra seu meio de expressão. Aqui, Kleist já fundamenta a primeira característica que o conceito *Anmut* adquire em sua teoria: a graça é a expressão da alma, que encontra num ser inanimado a possibilidade de harmonia perfeita entre o centro de gravidade e a alma. É essa harmonia que garante a graça como expressão bela da alma do bailarino, pois esse em si não consegue encontrar em seu corpo o meio de expressão da graça: apenas na marionete é possibilitado ao bailarino o transporte da alma exatamente para o centro de gravidade, que disponibiliza harmonicamente os movimentos pretendidos pela alma na ação.

 O bailarino explica ao narrador que a vantagem dos bonecos em relação aos bailarinos está na posição em que o centro de gravidade e a alma deles se encontram: os dois estão localizados no mesmo lugar, diferentemente dos bailarinos, que sempre deixam a alma fluir para longe do centro de gravidade, o que tira a beleza do movimento. Os bonecos não possuem alma, e a linha que dispõe a ligação entre bailarino e marionete está exatamente no centro de gravidade do boneco, portanto, não se pode enganar transportando a alma para outro centro que não seja o de gravidade; assim, como são movidas justamente por seu centro, as marionetes têm seus membros "mortos, simples pêndulos" ("*tot, reine Pendel*", 2012, p. 82), e o maquinista tem de necessariamente transportar a sua alma exatamente para esse ponto, criando o efeito de plena harmonia nos movimentos. Os bailarinos, por sua vez, quando intentam criar a mesma harmonia entre o centro de gravidade e a sua alma, por mais leveza que demonstrem em seus movimentos, sempre deixam pesar uma parte do corpo ao concentrar a alma nessas partes, o que a faz entrar em conflito com o centro de gravidade, tornando o movimento sem harmonia, sem leveza. Outra vantagem apontada pelo bailarino é a antigravidade, o poder de suspensão, que caracteriza tais bonecos, que não necessitam repousar no solo para que seja possível o seu exercício de dança. Isso é impossível para o bailarino, pois o peso da gravidade sobre o seu corpo faz com que ele necessite do solo para desenvolver a sua dança, o que faz mais perceptível o peso de seu corpo. Essas características da marionete instauram a sua superioridade ao homem, e, dessa forma, a graça, que provém da harmonia entre alma e centro de gravidade na marionete, é inexistente no homem. Segundo o bailarino, a explicação para esse fato encontra-se no mito bíblico da expulsão do homem do paraíso (Kleist, 2012, p. 82-83):

> *Solche Mißgriffe, setzte er abbrechend hinzu, sind unvermeidlich, seitdem wir von dem Baum der Erkenntnis gegessen haben. Doch das Paradies ist verriegelt und der Cherub hinter uns; wir müssen die Reise um die Welt machen, und sehen, ob es vielleicht von hinten irgendwo wieder offen ist.*[10]

O bailarino recorre aqui à passagem bíblica contida no terceiro capítulo do Primeiro Livro de Moisés, mais conhecido como Gênesis, que nos conta que Adão e Eva, ao comerem da árvore do conhecimento, passaram a enxergar um no outro a nudez, e perderam, assim, a inocência, pois tiveram seus olhos abertos para o bem e o mal. Deus, que havia lhes ordenado não se aproximar da árvore, estabelece-lhes uma série de castigos pela infração cometida, e lhes expulsa do paraíso, pois, tendo conhecimento do bem e do mal, o homem passou a ser como um Deus, que deverá ser expulso do paraíso para que não torne a comer da árvore da vida e, assim, consiga a eternidade. Se, a partir desse momento, o homem adquiriu o conhecimento que somente era possuído por Deus, inevitavelmente ele perdeu a inocência que lhe permitia o livre curso de sua vida sem as noções de bem e mal; perdeu, assim, a capacidade de ser apenas guiado pela pureza de que era constituído o seu ser. Porém, uma vez privado de inocência, fica-lhe latente o desejo de recuperá-la, ainda que agora a única possibilidade de entrada no paraíso seja pela porta dos fundos, uma entrada clandestina que tentaria ludibriar os Querubins que guardam as portas dianteiras.

---

10. "Tais erros, acrescentou para atalhar, são inevitáveis uma vez que provámos do fruto da Árvore do Conhecimento. A porta do Paraíso está aferrolhada, mas o desejo de inocência persegue-nos; precisaríamos pois de dar a volta ao mundo para ver se, talvez, não estará aberto pelas traseiras."

A convergência ao pensamento de Rousseau aqui se torna clara. Essa referência ao homem expulso do paraíso traz em seu bojo também a ideia rousseuniana do homem bom por natureza, que abandona a pureza para firmar o "contrato social" e, assim, cometer o pecado original novamente. O homem, agora civilizado, é o mesmo que foi expulso do paraíso por Deus, e o mesmo homem sem inocência kleistiano. Dessa forma, ao homem desprovido de inocência, de unidade, de leveza e de harmonia devido à sua expulsão do paraíso, ou à sua entrada na civilização, segundo o bailarino, é impossível conquistar a perfeição que a marionete, ser privado de consciência, e o Deus, ser de consciência total, possuem (Kleist, 2012, p. 83):

> Er versetzte, daß es dem Menschen schlechthin unmöglich wäre, den Gliedermann darin auch nur zu erreichen. Nur ein Gott könne sich, auf diesem Felde, mit der Materie messen; und hier sei der Punkt, wo die beiden Enden der ringförmigen Welt in einander griffen.[11]

O manequim, dessa forma, representa o primeiro estado de inocência do homem; o Deus seria o próximo estágio da humanidade caso ela conseguisse chegar ao paraíso através das portas traseiras e provasse novamente da árvore do conhecimento. Podemos entender a metáfora do processo de transporte da alma do bailarino para marionete como um processo de eliminação do estado de inocência primitivo, representado pela boneca, para a imposição de um estado de consciência total, em que o homem assume as funções do Deus no controle de seu corpo e sua alma, e passa a viver, possibilitado por esse controle absoluto, de forma harmônica e plena.

A similaridade ao processo cristão da *Gnade*, em que o homem recebe a graça de Deus, é gritante. Se o pressuposto básico da graça divina é a incorporação da alma de Deus ao homem, o que Kleist faz aqui é atribuir essa troca ao homem e à marionete. Na mitologia

---

11. "Ele respondeu que seria absolutamente impossível ao homem comparar-se, por pouco que fosse, ao manequim. Que só um deus poderia, neste domínio, estar à altura do desafio e que era neste ponto que as duas extremidades do mundo circular se vinham juntar."

cristã, a graça divina é a forma de ascender de volta ao paraíso; o processo da graça kleistiana mostra ao homem que esse retorno ao paraíso só será possível se ele atingir por si mesmo o estágio de conhecimento que o habilite a ser o Deus. Essa brincadeira entre o significado religioso e estético da graça, entre *Gnade* e *Anmut*, em que a última assume as características da primeira, faz com que a graça na teoria de Kleist esteja relacionada, ao mesmo tempo, com a queda e a elevação do homem. Ao cometer o pecado original, houve a queda e, assim, a perda da graça cristã de viver no paraíso, num estado de inocência que possibilitava a plenitude. A tentativa de elevação, agora, se dá por meio da graça estética, equivalente à elevação que o homem faz da marionete quando a suspende pelo fio e consegue transportar sua alma para a criação do movimento perfeito. Nessa elevação, a força empregada é maior que a gravidade, e o seu centro de gravidade é controlado pelo fio, o que possibilita à marionete esse movimento perfeito; ao homem, para alcançar a elevação ao paraíso, resta atingir o conhecimento infinito e, a partir dele, ter o controle do "fio" que o conduz, ou seja, ele tem de ser capaz de apreender a essência da realidade, sua força de compreensão tem de ser maior que qualquer tentativa de malogro.

Descendo mais o abismo dessa estrutura narrativa, em sua busca por esclarecimentos, o narrador estimula a conversa, e, por meio de duas parábolas, são elucidados os pontos principais da teoria de Kleist sobre o conceito estético *Anmut*. Na primeira parábola, o narrador conta ao bailarino uma história que comprova "as desordens que a consciência provoca na graça natural do homem".[12] Um dia, o narrador estava se banhando com um jovem provido de uma "graça prodigiosa" ("*wunderbare Anmut*") quando este, ao pousar os pés sobre um banco para secá-los e olhar-se no espelho, percebeu que havia feito um movimento gracioso, que lhe recordava a inocência e à graciosidade de que era provida uma escultura grega, o *Espinário*. Ao perceber esse movimento, contou ao narrador a sua descoberta,

---

12. "[...] *welche Unordnungen, in der natürlichen Grazie des Menschen, das Bewusstsein anrichtet.*" (Kleist, 2012, p. 84)

no entanto, este, ainda que também tenha feito a mesma analogia, disse-lhe que não havia percebido nada. O jovem, na tentativa de provar o ocorrido, passou a repetir o movimento por inúmeras vezes, no entanto, não conseguia alcançar a graça do movimento original, pois a sua consciência o impedia de repetir a graça natural, que somente é proveniente de movimentos inconscientes. Assim, passado algum tempo, a frequência com que o jovem intentava reproduzir o movimento deixou-o sem qualquer rastro do encanto que lhe era próprio.

Na segunda parábola, o bailarino conta ao narrador que estava viajando pela Rússia e se encontrava na casa de um senhor amigo seu, quando o seu filho mais velho lhe convidou para praticar esgrima. O bailarino, derrotando facilmente o jovem, é desafiado pelo mesmo a enfrentar um urso que seria páreo para ele na esgrima. Estupefato diante do urso, o bailarino começa a atacá-lo, porém, o urso rebatia simplesmente todos os movimentos que este realizava: "*Aug in Auge, als ob er meine Seele darin lesen könnte, stand er, die Tatze schlagfertig erhoben, und wenn meine Stöße nicht ernsthaft gemeint waren, so rührte er sich nicht*"[13] (Kleist, 2012, p. 86). Essas duas narrativas nos permitem associar a graça kleistiana às duas extremidades a que o mundo circular nos encaminha: se a primeira parábola mostra a perda da graça por meio da perda da inocência, a segunda eleva a figura do urso à divindade: ao rebater cada ataque do bailarino como se previsse as intenções dos seus movimentos, como se lesse em sua alma a forma do movimento, o urso age como o Deus que possui consciência total. O jovem e o urso são representativos das duas portas do paraíso: o homem partiu da primeira e deve chegar à segunda. Assim, o bailarino e o narrador concluem que (Kleist, 2012, p. 86-87)

> *Wir sehen, daß in dem Maße, als, in der organischen Welt, die Reflexion dunkler und schwächer wird, die Grazie darin immer strahlender und*

---

13. "[...] os seus olhos nos meus, como se pudera ler a minha alma, ficava com a garra levantada, pronto a atacar e, quando os meus ataques não eram senão esboçados, não se movia."

herrschender hervortritt. - Doch so, wie sich der Durchschnitt zweier Linien, auf der einen Seite eines Punkts, nach dem Durchgang durch das Unendliche, plötzlich wieder auf der andern Seite einfindet, oder das Bild des Hohlspiegels, nachdem es sich in das Unendliche entfernt hat, plötzlich wieder dicht vor uns tritt: so findet sich auch, wenn die Erkenntnis gleichsam durch ein Unendliches gegangen ist, die Grazie wieder ein; so, daß sie, zu gleicher Zeit, in demjenigen menschlichen Körperbau am reinsten erscheint, der entweder gar keins, oder ein unendliches Bewußtsein hat, d. h. in dem Gliedermann, oder in dem Gott. Mithin, sagte ich ein wenig zerstreut, müßten wir wieder von dem Baum der Erkenntnis essen, um in den Stand der Unschuld zurückzufallen? Allerdings, antwortete er, das ist das letzte Kapitel von der Geschichte der Welt.[14]

A metáfora religiosa da expulsão do homem do paraíso evocada por Kleist é poetizada e transposta para a estética, criando a imagem do homem que perde a sua plenitude e tem agora de viver sob o signo do fragmento, da realidade assoladora. A árvore do conhecimento lhe tirou a inocência e cabe a ela agora fazê-lo avançar ao infinito da consciência por meio de seu fruto. Essa associação entre a acepção religiosa da graça, que permite ao homem a salvação eterna, e o conceito estético, que representa a completude do homem, ganha validade em Kleist porque à queda do homem descrita na Bíblia, originada pelo fruto da árvore do conhecimento, conflui a fragmentação do homem, também presente em Schiller, ocasionada

---

14. "Vemos que no mundo orgânico quanto mais a reflexão parece fraca e obscura mais a graça é soberana e radiante. — No entanto, como a intersecção de duas linhas situadas do mesmo lado de um ponto se encontra subitamente do outro lado, após haver atravessado o infinito, ou como a imagem dum espelho côncavo retorna subitamente junto a nós depois de se ter afastado até ao infinito: assim retorna a graça quando a consciência passou ela também por um infinito; de maneira que ela aparece sob a sua forma mais pura nesta anatomia humana que não tem qualquer consciência, ou que tem uma consciência infinita, isto é, num manequim, ou num deus. — Em consequência, disse-lhe eu um pouco sonhador, deveríamos comer uma vez mais o fruto da Árvore do Conhecimento, para recair no estado da inocência? — Sem qualquer dúvida, respondeu-me; é o derradeiro capítulo da história do mundo."

pelo desenvolvimento do conhecimento humano. Se a paridade que liga a teoria de Kleist à de Schiller é reconhecida pela atribuição da fragmentação do homem ao conhecimento e à posterior unidade que perpassa o caminho desse mesmo conhecimento, o seu afastamento se dá justamente na forma como o homem deverá percorrer esse caminho. Em Schiller, essa volta se dá pela educação estética, que conciliará harmoniosamente os polos de que o homem é constituído: natureza sensível e racional. Porém, em Kleist, longe do equilíbrio atestado por Schiller, a disjunção entre graça e razão atinge proporções irreversíveis, que necessitarão do abate de uma ou outra para que a plenitude possa ser novamente alcançada. Kleist fundamenta que a volta somente será permitida pelo máximo conhecimento, adquirido quando o homem provar novamente da árvore do conhecimento, e não por meio de um processo de educação estética, de imitação de um modelo que, para ele, se mostra falho.

Segundo Hohoff (1977, p. 140), os estágios de desenvolvimento da consciência descritos nesse texto lembram a psicologia romântica, o cristianismo e sua teoria sobre a graça. No entanto, o que fica mais evidente é que todas essas ideias foram concatenadas por Kleist de forma a articular um "sistema" com base na doutrina gnóstica da autorredenção. Se o gnosticismo é baseado na crença de que o homem somente consegue se libertar dos sofrimentos do mundo através do conhecimento – conhecimento este não de base científica, mas sim transcendental, o que Kleist mostra em seu *Teatro de marionetes* é que o homem, ao conhecer-se a si mesmo e ao mundo por meio de um conhecimento intuitivo, e não científico ou mimético, conseguirá encontrar a salvação, o retorno ao paraíso. Essa é a diferença básica entre a forma de obtenção da plenitude do homem em Schiller e em Kleist.

Segundo Fischer (2007), a parábola do jovem que tenta repetir o movimento representado na estátua *Espinário* nos leva a crer que Kleist está metaforizando a repetição como imitação de um modelo de educação, que visa a cópia das ações representadas na arte. Assim, o jovem que já possui a graça natural tenta repetir de forma artificial a graça que já estava intrincada em seus movimentos:

ao atribuir à arte um modelo de imitação, o jovem acaba por perder a inocência que o permitia a graça natural. A constante repetição do modelo e a necessidade de reconhecimento do olhar alheio na confirmação da capacidade de expressão da graça faz com que o jovem entre em queda:

> se é verdade que o primeiro olhar deitado pelo rapaz para o grande espelho o faz sorrir por descobrir a semelhança com o ícone estético, mantendo-se ainda intacta a sua graciosidade, é o desejo de reconhecimento pelo olhar de fora, próprio de um sistema educativo, que faz colapsar este estado recém-criado de plenitude consciente. O colapso resulta também da repetida tentativa de imitação do objecto de arte na mente do rapaz que, afinal, se converte no ridículo 'macaquear', tão desprezado por Schiller. (Fischer, 2007, p. 227-228)

A graça nesse sistema educativo necessita do olhar do outro para se firmar. Na passagem bíblica, o que primeiro caracteriza a infração cometida por Adão e Eva é a consciência do olhar do outro sobre o corpo, e a vergonha que essa consciência provoca. Se pensarmos na parábola do ensaio de Kleist, o que o jovem busca é a comprovação de seu movimento belo através do olhar do outro. Ao perceber em si a graça, o jovem repete o pecado original, pois passou a ter conhecimento de sua "nudez". Ele tenta instaurar o seu estado gracioso inicial, porém, ao passar a reconhecer em si a inocência, o jovem adquire o conhecimento que Adão e Eva adquiriram ao comer da árvore do conhecimento, e cai num processo de imitação de um modelo que visa reaver a graça. Assim, é possível perceber que a aversão à imitação do modelo clássico é expressa em Kleist na forma desse jovem: a tentativa de reproduzir o movimento belo mostra que a imitação pode se tornar algo banal, pois, assim como um animal pode imitar uma ação do homem sem, no entanto, entendê-la, o poeta ou o homem que se coloca na posição de apenas copiar os modelos clássicos pode incorrer no mesmo erro.

Se pensarmos no urso como a representação de um estado de consciência total, reconheceremos que nele Kleist projeta o estágio final que a humanidade alcançará quando sua consciência passar pelo infinito e, assim, conseguir ler através dos olhos a alma do outro. Portanto, o urso é aquele que consegue olhar nos olhos de seu oponente e enxergar a sua alma, enquanto o jovem somente consegue ver um reflexo de arte ao se olhar no espelho d'água.

Segundo Földényi (2003, p. 149), a narrativa sobre o jovem nos mostra que *"Der Augenblick der Geburt der Grazie ist auch der Augenblick der Macht und des Ausgeliefertseins"*,[15] ou seja, ao se olhar no espelho d'água e reconhecer a semelhança entre o seu movimento e a escultura (estática) de mármore, o jovem reconhece a graça que agora transparece em seu movimento e todo o seu poder, mas, ao mesmo tempo, torna-se consciente da deficiência de seu corpo frente à grandiosidade da arte. A partir desse momento, sua tentativa de se igualar ao objeto de arte será também a sua derrocada ao abismo da consciência (Földényi, 2003, p. 149):

> *Der Augenblick der Bewußwerdung der Grazie bedeutet nicht bloß die Erkenntnis der Schönheit und deren selbstvergessenes Erlebnis, sondern auch, daß in dem Augenblick das Unmögliche möglich wird: Leben und Kunst werden eins, der Marmor und das lebende Fleisch ununterscheidbar.*[16]

Assim, o que o jovem vê no espelho não é ele mesmo, mas o outro, um outro que não é humano, e sim um objeto de arte, que pode ser reproduzido mecanicamente por meio da imitação. Esse processo mecânico reflete um não aprofundamento ao interior do homem, uma imitação vazia de sentimento que tenta reproduzir a beleza e o sentimento da arte. Dessa forma, a partir do momento que se passa à imitação vazia, há a queda da graça, porque o sentimento já não é proveniente do eu, mas do outro, assim como a graça já não é proveniente de suas ações, e sim de uma tentativa de reprodução da graça do mármore frio, da estátua do *Espinário*. Ao perder a graça,

---

15. "O momento do nascimento da graça é também o momento do nascimento do poder e do desamparo."
16. "O momento da consciência da graça não significa apenas o conhecimento da beleza e da sua experiência de autoesquecimento, mas também que o momento do impossível se torna possível: vida e arte se tornam unos, o mármore e a carne viva, indistinguíveis."

o jovem está ritualizando/atualizando o pecado original, trazendo à tona os significados da primeira queda.

Paul de Mann, em seu texto "Aesthetic Formalization: Kleist's Über das Marionettentheater" (1984), nos diz que o ensaio de Kleist trabalha com dois níveis textuais: o da narrativa e o dos gestos dos personagens, dando ao texto uma teatralidade baseada nas tentativas de convencimento do "eu-narrador" pelo "ele", narrador em um segundo plano. Essa estrutura complexa e múltipla, em que o personagem se torna narrador em um segundo nível, não deixa de antemão estabelecida a autoridade de uma ou outra instância: narrador e personagem são postos em cena para narrar, alternadamente, histórias que têm o fito de persuadir, de seduzir o outro para a credibilidade daquilo que se está contando. No final da conversa, a resistência à proposição primeira do "ele" – de que o homem jamais conseguiria alcançar a graça que a marionete possui – é aceita pelo narrador como válida, tornando eficiente a persuasão exercida sobre ele. Assim, Mann nos diz que o *Über das Marionettentheater* é também um texto sobre o ensinar, sobre o levar o outro a um conhecimento, não só por meio das palavras, mas também através de um verdadeiro "balé de gestos" que expressam a troca mútua de conhecimento que se estabelece.

Se esse texto institui essa pedagogia como um fator positivo, Mann (1984, p. 270) dirá que Kleist considera como causa da perda da graciosidade uma "formalização estética", que coloca regras a uma conduta ética, oficializando a soberania do professor frente aos alunos:

> *The education, moreover, is in a very specific discipline, closer to Schiller than to Rousseau: the ephebe, as well as K, are being educated in the art of gracefulness, Anmut. Their education is clearly an aesthetic education that is to earn them citizenship in Schiller's aesthetic state. This didactic aim, however, can only be reached if the discipline that is to be taught can itself be formalized or schematized to the point of becoming a technique. Teaching becomes possible only when a degree of formalization is built into the subject-matter. The aesthetic can be taught only*

if the articulation of aesthetic with mathematical (and epistemological) discourse – the burden of Kant's Critique of Judgment *– can be achieved. This articulation, always according to Kant, is also the only guarantee that theoretical reason can be linked to the practical judgment of the ethical world. The possibility thus arises that the postulate of ethical authority is posited for the sake of maintaining the undisputed authority of teachers in their relationship to their pupils.*[17]

A educação estética formalizada, nesse ponto de vista, barraria a possibilidade de o homem alcançar a plenitude da graça, destoando, portanto, do projeto educacional de Schiller na medida em que há nele esse nível de formalização que impõe regras ao desenvolvimento do homem.

A unidade que Schiller busca através do conceito de graça é, como já foi dito no capítulo anterior, impossível de ser alcançada, pois somente num plano ideal o homem conseguiria harmonizar de forma completa o sensível e a razão. Entretanto, Schiller acredita que o homem deve sempre buscar chegar o mais próximo possível desse ideal para participar da plenitude de sua humanidade. Por sua vez, isso já não ocorre em Kleist, que somente consegue enxergar no total conhecimento ou na total inocência a plenitude do homem. A tentativa de um exercício em busca da graça, de uma vontade que está em constante movimento com o propósito de alcançar essa graça, é incongruente para Kleist. Se Schiller diz que o homem nunca pode

---

17. "A educação, além disso, é uma disciplina muito específica, mais próxima de Schiller do que de Rousseau: o efebo, assim como K, estão sendo educados na arte da graça, *Anmut*. Sua educação é claramente uma educação estética, que lhes faz ganhar a cidadania no estado estético de Schiller. Esse objetivo didático, entretanto, só pode ser alcançado se a disciplina a ser ensinada pode ser formalizada ou esquematizada a ponto de se tornar uma técnica. Ensinar só se torna possível quando o grau de formalização é construído dentro do assunto. A estética só pode ser ensinada se a articulação da estética com o discurso matemático (e epistemológico) – o principal ponto de a *Crítica do Juízo* de Kant – pode ser alcançada. Essa articulação, ainda de acordo com Kant, é também a única garantia de que a razão teórica pode ser ligada ao julgamento prático do mundo ético. Surge assim a possiblidade de que o postulado da autoridade ética é colocado em benefício da manutenção da autoridade indiscutível dos professores na sua relação com os seus alunos."

parecer saber de sua graça,[18] Kleist irá deixar claro em seu ensaio que é impossível encontrar a graça no homem justamente porque ele não possui o requisito básico para que ela se manifeste: a inocência. Dessa forma, enquanto em Schiller a beleza que acompanha os movimentos voluntários, e deixa transparecer o valor moral do homem, pode ser adquirida por meio de sua educação estética, que erige a sua bela alma, em Kleist, a simples perseguição desse ideal já colocaria em jogo a possibilidade de alcançá-la.

Segundo Kleist (1990), em "Betrachtungen über den Weltlauf" ("Reflexões sobre o curso do mundo", 1810), é comum entre algumas pessoas o pensamento de que os estágios por que passa a formação de uma nação partem de um estado de brutalidade e selvageria animal ("tierischer *Roheit* und *Wildheit*"), e que o cultivo de um aperfeiçoamento moral se daria depois de um tempo, levando ao estabelecimento de uma arte que expressa o mais alto grau do desenvolvimento humano.[19] Contudo, segundo Kleist (1990, p. 794), o que ocorre nas civilizações antigas é exatamente o contrário:

> *Diesen Leuten dient zur Nachricht, daß alles, wenigstens bei den Griechen und Römern, in ganz umgekehrter Ordnung erfolgt ist. Diese Völker machten mit der heroischen Epoche, welches ohne Zweifel die höchste ist, die erschwungen werden kann, den Anfang; als sie in keiner menschlichen und bürgerlichen Tugend mehr Helden hatten, dichteten sie welche; als sie keine mehr dichten konnten, erfanden sie dafür die Regeln; als sie sich in den Regeln verwirrten, abstrahierten sie die Weltweisheit selbst; und als sie damit fertig waren, wurden sie schlecht.*[20]

---

18. "A Graça, [...], tem de ser sempre natureza, isto é, involuntária (ao menos, parecer assim), logo, o sujeito mesmo nunca pode aparentar como se soubesse da *sua graça*." (Schiller, 2008, p. 25).
19. É digno de nota que esse é o pensamento de Schiller acerca do desenvolvimento humano.
20. "Estas pessoas são oportunas para entender que tudo, pelo menos entre gregos e romanos, se dá de modo inverso. Essas civilizações se iniciaram com a época do heroico, sem dúvida, o mais alto que o homem pode alcançar; quando já não podiam produzir heróis em qualquer vida política ou privada, inventaram-nos em poemas; quando não podiam mais poetar, inventaram as regras; como se

O desenvolvimento dos antigos partiu de uma inocência infantil até o amadurecimento do conhecimento intelectual que desembocou na filosofia, tornando o homem *mau* por meio desse alto grau de abstração. Se pensarmos na proposição de Kleist no *Über das Marionettentheater*, o caminho proposto para o retorno a um estado de inocência será o inverso: imersos em cultura, devemos recuperar o estado de inocência. No entanto, agora será uma segunda inocência, que não despreza o conhecimento adquirido. Guinsburg e Rosenfeld (2005, p. 274) nos dizem que

> O grande sonho dos românticos é a inocência, a segunda inocência que englobe ao mesmo tempo todo o caminho percorrido através da cultura, isto é, uma inocência que não seria mais a primitiva, a do jardim do Éden, mas uma inocência sábia. É a famosa criança irônica de Novalis, um dos grandes símbolos do movimento romântico.

Essa criança irônica de Novalis foi metaforizada por outros artistas românticos que retomam a ideia de um resgate da inocência que abarque todo o conhecimento adquirido pelo homem. Para citar um desses artistas, tomamos a peça *Der gestiefelte Kater* (*O gato de botas*, 1797) de Ludwig Tieck, em que o autor usa essa ideia na intenção de resgatar a inocência infantil do espectador, de recuperá-lo da formação literária a que seu pensamento foi limitado. Tieck nos apresenta um conto de fadas, "O gato de botas", por meio de uma peça teatral que se inicia com os atores na plateia contestando a inserção do universo do maravilhoso dentro da estrutura teatral, na qual deveriam ser tomados apenas os assuntos sérios, que representassem a realidade e fossem conformes à formação literária dos espectadores. O diálogo entre o público e o dramaturgo se estende até a explicação de que a peça tinha o propósito de desafiar a formação literária dos espectadores e resgatar neles uma inocência há muito tempo perdida (Tieck, 1974, p. 62):

---

tornaram confusos nas regras, abstraíram a própria sabedoria do mundo; e quando terminaram, eles foram maus."

DICHTER: Kurz, Sie hätten wieder zu Kindern werden müssen.
FISCHER: Aber wir danken Gott, daß wir es nicht mehr sind.
LEUTNER: Unsere Ausbildung hat uns Mühe und Angstschweiß genug gekostet.[21]

A resistência que a formação literária do público causa nesse resgate da inocência deve ser expurgada por meio da apresentação de modelos que fogem às normas pré-estabelecidas, proporcionando ao público o olhar da criança sobre o mundo, abrindo a visão desses espectadores do universo fechado construído pela literatura racional Iluminista para um mundo de possibilidades, de imaginação. Esse homem não terá de abdicar de seu conhecimento para a sua entrada nesse novo mundo, apenas terá de se deixar levar pelo lúdico sem a constante contestação das incoerências que esse mundo apresenta: deverá ter um olhar inocente. Da mesma forma, o homem kleistiano, que consegue passar pelo infinito e atinge a forma do deus, representado na figura da criança irônica pelos românticos, é aquele que não pauta a sua vida em modelos de educação que tendem ao fracasso, mas sim que se deixa guiar por seu espírito, buscando no antigo o novo, aquilo que o encaminhe para o progresso e que faça da sua originalidade um marco de vida.

Posteriormente, Rainer Maria Rilke e Thomas Mann utilizaram a essência desse ensaio kleistiano em suas obras a partir de uma perspectiva moderna. Em *Doktor Faustus* (*Doutor Fausto*, 1947), de Thomas Mann, o narrador Serenus Zeitblom nos conta a história de Adrian Leverkühn, um músico que trava um pacto com o demônio para que possa viver até que complete sua grande obra. À medida que nos é narrada a história do músico, é também narrada a história da Alemanha, desde as causas primeiras do nazismo até a sua derrocada em 1945, metaforizando na figura de Leverkühn o pacto demoníaco que a Alemanha fez com Hitler. Brilhantemente, Mann (1984, p. 430-431) recorre ao texto de Kleist em três passagens de seu romance

---

21. "POETA: Brevemente, vocês deveriam tornar-se crianças novamente.
FISCHER: Mas nós agradecemos a Deus por não sermos mais crianças.
LEUTNER: Nossa formação nos custou esforço, medo e suor suficientes."

a fim de aliar a conduta de Leverkühn ao comportamento do povo alemão frente à guerra e ao nazismo. Nas duas primeiras, o ensaio de Kleist é aludido como referência primordial à obra que Leverkühn está compondo:

> Na escrivaninha, encontravam-se alguns livros: um volume de Kleist, no qual uma fita marcava o ensaio sobre os fantoches; além disso, os inevitáveis sonetos de Shakespeare e mais um tomo das obras do mesmo poeta, a conter *Twelfth Night*, *Much Ado About Nothing*, e, se não me engano, *Two Gentlemen of Verona*.
> [...]
> Em todo caso já estava previsto que a execução da obra não caberia a criaturas humanas e sim a marionetes. (Daí o Kleist!).

Para composição de sua obra grandiosa, Leverkühn utilizaria marionetes, esses seres perfeitos descritos por Kleist que não deixam perder sua graça e que executariam harmoniosamente seu papel, diferentemente de qualquer ser humano, que não conseguiria alcançar essa perfeição. Na terceira passagem em que o ensaio é citado, Leverkühn associa a situação atual da guerra à abertura de caminho descrita pelo ensaio de Kleist:

> A Alemanha tem costas largas. E quem ousará negar que uma genuína abertura de caminho equivale àquilo que o mundo mansinho qualifica de crime? Espero que não penses que eu menospreze a ideia de cuja manipulação no palheiro tanto lhe apraz. No fundo, existe neste globo somente um único problema, e este se chama: como se abre caminho? como se chega ao ar livre? como se rompe o casulo, para vir a ser borboleta? Essas perguntas dominam a situação geral. – E puxando a fitinha vermelha que marcava a página das obras de Kleist, prosseguiu: - Aqui também se estuda uma abertura de caminho, nesse excelente ensaio sobre os fantoches, e nele se fala expressamente do 'derradeiro capítulo da história universal'. E todavia somente se trata de estética, de garbo, de graça livre, que na verdade é apanágio do boneco articulado e do deus, isto é, da inconsciência ou de uma consciência infinda, ao passo que qualquer reflexão intermediária entre o zero e o infinito mata a graça. Segundo a opinião do autor, a consciência

deve ter passado através do infinito, para que se reencontre a graça, e Adão terá de comer outra vez o fruto da árvore do conhecimento, para retornar ao estado de inocência. (Mann, 1984, p. 434-435)

A volta ao infinito de Kleist pode ser comparada à tentativa de abertura de caminho da Alemanha por meio da guerra. A abertura de caminho que Leverkühn encontra através do pacto é a mesma que a nação alemã encontra ao compactuar com Hitler: o nazista é o demônio e o povo alemão é o Fausto, que busca a superioridade pelo crime. Sendo assim, o que Thomas Mann (1984, p. 422-423) nos mostra por meio do pensamento de Leverkühn é o paradoxo do pensamento do povo alemão na época; a guerra é forma de expiar os males do mundo por meio do sacrifício, ou seja, solução para um novo começo, que possibilite alcançar o extraordinário:

> Se a guerra, com mais ou menos clareza, for sentida como uma provação coletiva, em face da qual o indivíduo e também o povo avulso devam estar prontos para afirmar-se e para expiar com seu sangue as fraquezas e os pecados da época, inclusive os próprios; se a guerra se apresentar ao sentimento como um caminho à imolação, pelo qual nos despojamos de nossa personalidade antiga, e, juntos, tentamos conquistar uma vida nova, superior, ultrapassar-se-á a moral de todos os dias, que então emudecerá em confronto com o extraordinário.

Não se trata, contudo, de uma discussão apenas de nível político. A figura de Leverkühn representa também uma discussão sobre a arte e o poeta nesse processo, sobre a criatividade e a criação artística. Segundo Fischer (2007, p. 202), Leverkühn aspira por perfeição, plenitude através da arte, num autêntico projeto schilleriano, que acaba por desembocar numa marionete kleistiana; ele representa, portanto, o poeta moderno, pois está fragmentado entre o "ideal schilleriano e a tese kleistiana de que apenas na marionete ou no deus é possível realizar-se a graciosidade que caracteriza a superioridade da arte."

Segundo Richard Miskolci (1998, p. 194), o tema que permeia a obra de Thomas Mann é a "intelectualização da arte", e todas as consequências de um estágio avançado de conhecimento da civilização alemã que fez emergir "forças irracionais com poder até então inimaginável". Miskolci nos diz ainda que Thomas Mann recria o mito de Fausto invertendo o objeto alvo do pacto com o demônio: se o mito do século XVI nos mostra o Fausto que vende a alma ao demônio, a busca agora é justamente por uma alma capaz de proporcionar ao artista moderno a aproximação com a condição humana, traduzida pela sífilis, a doença que o expõe à morte e o faz se afastar da vida, que escraviza o homem às necessidades impostas pela natureza. É uma busca de aproximação com a morte que evoca a pureza do espírito, impossível se o espírito está condicionado às amarras da natureza (Miskolci, 1998, p. 206):

> Diante do quadro histórico de extrema oposição entre o espírito puro que quase nos levou à destruição e a afirmação da vida que nos conduziu ao animalesco descobrimo-nos mais uma vez frente a frente com aquele que talvez seja o maior dilema contemporâneo: a oposição entre ética e estética.

O artista moderno está condicionado a uma consciência tão abrangente da realidade que isso o faz se afastar dessa realidade exterior. Leverkühn encontra, com a doença, o sentido da existência, que se baseia no percurso até a morte. A arrogância desse artista moderno que se fecha ao mundo exterior somente será desfeita pelo pacto com a morte, que, por sua vez, trará ao personagem a loucura. Leverkühn é o artista que rompe os limites da realidade que o circunda e tenta alcançar aquilo que o homem não seria capaz.

Esse dilema se resolve, em Schiller, pela conciliação dos dois estados para a constituição do espírito puro; mas, em Kleist, a conciliação já é de antemão impossibilitada. Talvez o grande propósito de Mann nesse romance, segundo Miskolci, tenha sido o de que o alcance da plenitude não deve ser procurado na aproximação com a morte, mas sim na valorização da vida, do amor e da bondade, que ligam essas duas instâncias (ética e estética) por meio de uma "moral superior", que possibilita a harmonia entre o artista e o humano. O personagem de Mann busca a graça schilleriana, mas acaba no abismo kleistiano que impossibilita ao homem o contato com a graça.

Ele é mais um personagem que se encaixaria nas metáforas criadas por Kleist da impossibilidade do homem de encontrar a graça; o artista, que representa a ordem de Schiller, que busca o equilíbrio entre a natureza e o homem, mas que o pacto com o diabo o leva à impossibilidade kleistiana de conciliação. Nesse contexto, fica claro que o artista que possui essa consciência avassaladora do mundo busca a redenção pela graça, mas acaba pactuando com o demônio, que o leva à ruína da loucura, ao mergulho de uma realidade falseada.

Assim, podemos dizer que Leverkühn é representante do ideal schilleriano de educação estética que fracassa e que entende finalmente que a possibilidade de alcance do paraíso somente é possível à marionete ou ao Deus. Ele é o artista schilleriano que reluta em aceitar o destino descrito por Kleist, mas que, fatalmente, em sua busca por alcançar esse ideal, cairá em desgraça. O pacto somente o afasta do paraíso, que está destinado apenas a seres inanimados ou ao Deus.

Interessante é associar essa característica à obra de Rainer Maria Rilke, que relega a possibilidade de alcance do absoluto apenas ao anjo cego ou a objetos inanimados, como as marionetes kleistianas. Segundo Furio Jesi (1972), a graça livre descrita por Leverkühl é a entrada que Rilke determina ao infinito, ao invisível, que somente é permitida ao anjo, que Kleist chama de Deus, e à marionete, objeto esse antropomorfizado, que passou pelo ritual da experiência para a entrada no invisível.

Segundo Jesi (1972), os objetos que aparecem na poesia de Rilke adquirem a infinitude na medida em que o homem vai desaparecer, pois esse é o ritual da vida: o que permanecerá são os materiais aos quais demos alguma significação, que retiraram de nós o durável, o que sobreviverá. O homem, assim como no ensaio de Kleist, está fora do mundo invisível, absoluto; seu corpo é perecível, mas a sua materialidade, seu "título de nobreza", avança ao invisível. O corpo é a marionete que abrigou por um instante um duque – é a antropomorfização de objetos. A marionete, nesse caso, aparece como "*símbolo de las realidades que se parecen al hombre, pero que están destinadas a durar transformadas en lo invisible, mientras que el hombre 'allí donde siente se destruye'."* (Jesi, 1972, p. 109).

Já o anjo cego é aquele que tem acesso irrestrito ao absoluto, que, devido à sua cegueira, consegue enxergar o interior, aquela parte a que o homem não tem acesso, pois está limitado à sua visão exterior. Assim, o poeta, para Rilke, é o anjo cego que tem a missão de expressar o que está dentro de si, de enxergar o que vai além dos limites da visão do homem, sendo o mundo exterior um ponto de obscuridade. A prática da poesia possibilita ao poeta ultrapassar a sua característica humana, pois ele deve enxergar a partir da visão do anjo cego aquilo que pertence exclusivamente ao invisível. Essa possibilidade lhe permite encarar na marionete a característica duradoura, permite ao homem, portanto, o contato com o invisível. O poeta é aquele que torna invisível o visível, ou seja, que dará a infinitude do absoluto ao que antes era finito. Ainda assim, ao homem não está aberta a possibilidade de sobrevivência, pois apenas aquilo que o anjo cego enxergou sobrevive. Dessa forma, Furio Jesi (1972) nos diz que, no ensaio *Puppen* (*Bonecas*, 1914), Rilke declara o ódio do homem às bonecas porque elas evidenciam sua participação no invisível, enquanto o homem está impossibilitado.

Na quarta *Elegia de Duíno*, o eu-lírico expressa a angústia da consciência limitada do homem, que apenas tem consciência do intervalo entre o seu nascimento e sua impotência diante da morte (Rilke, 1962, p.):

Blühn und verdorrn ist uns zugleich bewuß.
Und irgendwo gehn Löwen noch und wissen,
Solang sie herrlich sind, von keener Ohnmacht.
[...]
Wir kennen den Kontur
Des Fühlens nicht: nur, was ihn formt von außen.
Wer saß nicht bang vor seines Herzens Vorhang?[22]

---

22. Todas as traduções de citações das *Elegias de Duíno* de Rilke são de autoria de Paulo Quintela, Edição: O oiro do dia, 1983.
"Florir e secar é-nos a um tempo consciente
E algures andam ainda leões que ignoram,
enquanto magníficos, toda a impotência.

A consciência apenas desse intervalo é perturbadora para o homem, pois ele não possui a inocência de não ter consciência dessa limitação como os animais, nem a consciência total do Deus, ou do anjo cego, que tem acesso ao absoluto. O que o poeta aspira é a consciência total, a vontade de suportar a presença da marionete e de ter em si a conjunção dessas duas instâncias que participam do absoluto (Rilke, 1962, p.):

> *Ich will nicht diese halbgefüllten Masken,*
> *lieber die Puppe. Die ist voll. Ich will*
> *den Balg aushalten und den Draht und ihr*
> *Gesicht und Aussehn. Hier. Ich bin davor.*
> *[...]*
> *Wenn mir zumut ist,*
> *zu warten vor der Puppenbühne, nein,*
> *so völlig hinzuschaun, daß um mein Schauen*
> *an Ende aufzuwiegen, dort als Spieler*
> *ein Engel hinmuß, der die Bälge hochreißt.*
> *Engel und Puppe: dann ist endlich Schauspiel.*
> *Dann kommt zusammen, was wir immerfort*
> *Entzwein, indem wir da sind. Dann entsteht*
> *Aus unsern Jahreszeiten erst der Umkreis*
> *Des ganzen Wandelns. Über uns hinüber*
> *Spielt dann der Engel. Sieh, die Sterbenden,*
> *sollten sie nicht vermuten, wie voll Vorwand*
> *das alles ist, was wir hier leisten. Alles*
> *ist nicht es selbst.* [23]

[...]
Não conhecemos o contorno
Do sentir, mas somente o que de fora o forma.
Quem não ficou jamais angustiado ante a cortina do seu próprio coração?"
23. "Não quero estas máscaras cheias só a meio,
antes a boneca. Essa é cheia. Eu quero
suportar o manequim e o cordelinho e o seu
rosto feito de aparência. Aqui. Eis-me em frente.
[...]
[...] quando sinto vontade

A plenitude do Deus e da marionete, essas "máscaras cheias" que juntas permitem a plenitude ao homem, são, em Kleist, as duas pontas do mundo que o homem deve percorrer para ascender novamente ao paraíso; o que a proximidade com a morte revela ao moribundo de Rilke ou ao Leverkühn contaminado pela sífilis, deve ser revelada ao homem kleistiano por meio da sua entrega aos sentimentos puros, tornando a graça a peça fundamental para a descoberta do ser, da sua existência no mundo em que nada é aquilo que aparenta ser.

Fischer (2007) enfatiza que o caráter epifânico da graça kleistiana, que confronta diretamente a educação estética de Schiller, baseia-se numa fluidez, numa entrega bem próxima à religiosa, dispensando, assim, a prática educativa de Schiller. Enquanto Schiller começa a sua conceituação sobre a graça por meio de um mito pagão, com o intuito de esclarecê-lo, de trazer luz aos seus significados intrincados na estrutura do mito, o que Kleist faz é usar dessa "obscuridade" da estrutura do mito religioso para nos persuadir diante de seu argumento e nos fazer participar dessa entrega. Ele nos abre os olhos para um novo recomeço do homem, que também será o capítulo final da história do mundo.

Segundo László Földényi (2003), Kleist cria o seu ensaio procurando pela graça, mas não percebe que a graça está ali em seu próprio texto, encenada pelo narrador e Herrn C..., pois para ele Kleist cria "*Die Grazie des vollkommenen Kunstweks*" (2003, p. 153),[24] na medida

---

de esperar diante do palco dos títeres, não,
de olhar tão inteiramente para ele que, para finalmente
compensar o meu olhar, tem de aparecer lá como actor
um anjo que arrebata os manequins.
Anjo e títere: então há enfim espetáculo.
Então se junta o que nós constantemente
apartamos pela nossa existência. Então somente
é que nasce das nossas estações o círculo
da evolução total. Acima e por cima de nós,
então, o anjo representa. Olha, os moribundos,
não haviam eles de suspeitar como tudo isso é pretexto
o que aqui produzimos. Nada
é aqui o que realmente é."
24. "A graça do trabalho de arte perfeito."

em que consegue abarcar como tema e forma a *Anmut*: "*Das ist die wahrhaftige Grazie: wenn die Antwort der Frage zuvorkommt.*"[25] Assim, o que narrador e personagem buscam através do diálogo transparece na construção do texto antes mesmo de os dois chegarem a uma conclusão. Não é por menos que Kleist classifica a graça como uma perfeição inconsciente.

3.2 A recriação do mito em *Penthesilea*

A proposta de Friedrich Schlegel, de uma nova mitologia que dê embasamento à poesia romântica, já estabelece as diferenças entre a visão da Antiguidade Clássica por clássicos e românticos. Os clássicos tinham como objetivo imitar a Antiguidade de modo a incorporar a vida de sua poesia; os românticos olham para a mitologia clássica de forma a tirar dela parâmetros para a construção de uma nova mitologia, que seja representante de sua época. O que Kleist vai propor em seus escritos é exatamente isto: tomar os clássicos não como modelo de imitação, mas como orientação para o desenvolvimento do eu, da singularidade que faz do escritor um gênio, que reflexiona sobre sua época. A arte antiga deve ser vista pelo romântico por meio da ideia de progresso.

Segundo Safranski (2010, p. 150), o romântico dá cor à opacidade e serenidade que os clássicos atribuíram à cultura da Antiguidade Clássica, resgatando o "selvagem, o dionisíaco" presentes em suas práticas religiosas e em suas produções artísticas, e é com essa visão romântica da Antiguidade que Kleist retoma o mito grego em sua peça *Penthesilea*. Publicada pela primeira vez em 1807, a peça nos transporta para um ambiente dionisíaco que transgride a serenidade e a simplicidade nobre representada pelo classicismo. Se pensarmos no resgate que Kleist faz do mito de Penthesilea em sua peça, veremos que ele usa do sistema mitológico para a construção de uma sociedade que reflete sobre o seu momento contemporâneo, sobre as condições do homem moderno fragmentado.

---

25. "Essa é a verdadeira graça: quando a resposta à pergunta vem antes."

O mito geralmente é entendido como uma narrativa primordial, de ações primeiras, como um modo de dar sentido à realidade circundante. Para Mircea Eliade (1991), o mito é o relato de uma história verdadeira e sagrada que tinha uma função nas sociedades arcaicas; ele narra como a atual realidade de um povo passou a existir a partir de um fato ocorrido em um tempo primordial: assim como a história moderna conta a história do homem moderno, o mito relata os eventos da história de um povo arcaico. Porém, o que difere história e mito é o processo de temporalidade em que se dão os fatos; enquanto a história é constituída de um tempo linear e irreversível, o mito é atemporal e necessita ser ritualizado para efetivar a capacidade de repetição do ato criador. Narrando-se um mito, vivifica-se ele próprio, ou seja, aquele tempo primordial é instaurado na atualidade pela palavra, e é daí que resulta a concepção de poder criador da palavra.

Jean-Pierre Vernant (1999), para a definição de mito, parte da ideia de que, primordialmente, não havia distinção entre *mythos* e *logos*, e que esses conceitos só passaram a ser distantes com o desenvolvimento da palavra escrita, pois, com esta, nasceu uma nova forma de organização do pensamento. Passa-se a racionalizar o real e o efeito duradouro e de verdade dessa nova forma de registro vem a se contrapor ao mito, que se refere ao atemporal, ao texto primordial, que era transmitido por meio da oralidade. Nesse momento, segundo Ernst Cassirer (2009), em que o homem se distancia do pensamento metafórico, em que há a sobreposição do *logos* sobre o *mythos*, o mito encontra seu refúgio na literatura e passa a ser relegado ao fabuloso, ao ficcional. Há a divisão do que antes era uno em várias esferas: mito, linguagem e arte criam mundos individuais.

Embrenhando-se nas relações entre mito e literatura, Raul Fiker (1983), em sua dissertação de mestrado, discute as funções que o mito pode assumir dentro do texto literário. Segundo ele, existem dois tipos de modalidades de permeação entre literatura e mito: a modalidade ornamental, em que os mitos aparecem como ornamentos no texto literário; e a modalidade temática, que se utiliza dos mitos como tema da composição literária. Kleist, em suas obras, utilizou da modalidade temática no resgate da mitologia grega em duas ocasiões. A versão do autor da comédia *Anfitrião*, inspirada na peça de Plauto, segue em essência a comédia de Molière (Rosenfeld, 1968, p. 66), porém, as situações cômicas beiram o abismo do trágico, que se faz pungente na caracterização dos personagens. Já a tragédia *Penthesilea*, objeto de estudo deste trabalho, recria o mito do encontro entre a rainha amazona Penthesilea e o divino Aquiles, apresentando seus personagens mitológicos carregados do espírito da época romântica, fragmentados no terrível desconcerto de sentimentos que os fazem perecer na alteridade, no transformar-se constantemente no outro eu. Kleist (*apud* Theodor, 1968, p. 93) encontrou, no mito, no olhar derradeiro de Penthesilea e na paixão repentina de Aquiles, o que precisava para o desenrolar de uma tragédia que abarca o patológico, o amor doentio e que, segundo ele, "recende a toda a dor e todo o brilho da minha alma", e dispôs, para nós, uma das melhores tragédias em língua alemã. Ele procurou representar o mundo antigo e, ao mesmo tempo, deixar à mostra em seus personagens os sentimentos que afligem o homem moderno.

Segundo o *Dicionário de mitologia*, de Pierre Grimal (1993), Penthesilea é uma rainha amazona, filha de Otrera e Ares que, após a morte de Heitor, foi à Tróia para auxiliar Príamo em sua luta contra os gregos. A amazona conseguiu fazer com que o exército grego recuasse, até que Aquiles a feriu no peito, ocasionando a sua morte. Ao olhar em seus olhos de moribunda, Aquiles se apaixonou, lamentando profundamente a sua morte. Tersites riu-se de Aquiles por causa de seus lamentos, o que fez com que o herói o matasse com um soco. Esse mito foi narrado no poema épico *Etiópica*, de Arctino de Mileto, do qual restou apenas um resumo na *Crestomatia* de Proclo, e também nas *Posthoméricas*, poema épico de Quinto de Esmirna que narra os eventos que estão entre a morte de Heitor e a queda de Tróia.

No poema de Esmirna, Penthesilea chega à Tróia após a morte de Heitor em busca de guerra e de purificação; segundo o narrador, a amazona teria matado sua irmã Hipólita por engano, o que ocasionou sua viagem à Tróia. Acompanhada de doze guerreiras amazonas, a heroína se compromete com Príamo a matar Aquiles. Palas Atenas, em defesa dos gregos, manda um sonho à Penthesilea, em que seu pai, Ares, persuade-a a lutar frente a frente com Aquiles. Desejosa de guerra, Penthesilea parte em busca do filho de Peleu ao lado de suas guerreiras e do exército troiano. Quando avista Aquiles e Ájax, vai até eles

> *corriendo como fieras por entre el fragor espantoso embistió contra ambos, como en la espesura la perniciosa pantera, que con dañino instinto colea horriblemente, salta contra la acometida de los cazadores, quienes, recubiertos de sus armaduras, aguardan su ataque confiados en sus picas.* (Esmirna, 1997, p. 50)

Aquiles, contudo, a mata com uma lança que atravessa seu cavalo e a fere. O herói se arrepende de tê-la matado, pois poderia fazer dela sua esposa, e Tersites troça de seu repentino amor, o que desperta a cólera do herói, que o mata com um murro.

Na tragédia de Kleist, Penthesilea acabara de completar vinte e três anos, e, com a morte de sua mãe, Otrere, rainha das Amazonas, Ares a escolhera como sua noiva, para que de Tróia trouxesse, coroado de rosas, um deus. Otrere, em seu leito de morte, revela a Penthesilea que esse deus é Aquiles, contrariando, assim, a lei das Amazonas, de que a virgem não deveria saber quem seria seu adversário em combate, pois a Ares estava incumbido o dever de revelá-lo à guerreira na batalha. Penthesilea parte para Tróia com seu séquito em busca do divino Aquiles. Quando chegam a Tróia, os gregos pensam que as amazonas vieram em auxílio ao exército de Príamo, engano logo desfeito quando estas começam uma luta contra o exército troiano. Ao se deparar com Aquiles e Ulisses, Penthesilea se encanta pelo filho de Peleu e parte para a conquista dele pela espada. Gregos e troianos não sabem ao certo a real intenção da ida das amazonas à Guerra de Tróia, pois essas guerreiras travam uma luta sangrenta com os dois exércitos. Penthesilea ataca Aquiles vorazmente, até que o herói consegue derrubar a rainha amazona do cavalo. Nesse momento da tragédia, ressoa o mito primeiro do encontro de Penthesilea e

Aquiles, pois, ao vê-la cair de seu cavalo, o filho de Peleu empalidece e se impressiona com "seus olhos moribundos" (Kleist, p. 17):

DIE OBERSTE.
[...]
Achill und sie, mit vorgelegten Lanzen,
Begegnen beide sich, zween Donnerkeile,
Die aus Gewölken in einander fahren;
Die Lanzen, schwächer als die Brüste, splittern:
Er, der Pelide, steht, Penthesilea,
Sie sinkt, die Todumschattete, vom Pferd.
Und da sie jetzt, der Rache preisgegeben,
Im Staub sich vor ihm wälzt, denkt jeglicher,
Zum Orkus völlig stürzen wird er sie;
Doch bleich selbst steht der Unbegreifliche,
Ein Todesschatten da, ihr Götter! ruft er,
Was für ein Blick der Sterbenden traf mich!
Vom Pferde schwingt er eilig sich herab;
Und während, von Entsetzen noch gefesselt,
Die Jungfraun stehn, des Wortes eingedenk
Der Königinn, kein Schwerdt zu rühren wagen,
Dreist der Erblaßten naht er sich, er beugt
Sich über sie, Penthesilea! ruft er,
In seinen Armen hebt er sie empor,
Und laut die That, die er vollbracht, verfluchend,
Lockt er ins Leben jammernd sie zurück![26]

---

26. Todas as traduções de citações da peça *Penthesilea* são de autoria de Rafael Gomes Filipe, Edição: Porto Editora, 2003. "A ALTA DIGNATÁRIA. [...] Aquiles e ela enfrentam-se, de lanças em riste, como dois meteoros que das nuvens se precipitassem um contra o outro; as lanças, mais frágeis do que os peitos, estilhaçam-se. O filho de Peleu mantém-se firme na sela, mas Pentesileia, tocada pela sombra da morte, cai do cavalo. Revolve-se agora no pó, diante dele, vítima indefesa entregue à sua vingança, e cada uma de nós pensa que ele, desferindo-lhe o golpe de misericórdia, a precipitará para sempre no Orco. Mas, coisa incompreensível, ele próprio fica especado, pálido como a morte. "Justos deuses" – exclama depois. – Como me fitam os seus olhos moribundos!" Apressa-se então a descer do cavalo, e enquanto as nossas Amazonas, que o terror

Diferentemente do mito, Penthesilea não morre, pois Aquiles a chama à vida por meio de seus lamentos. Possuído de amor, Aquiles desfaz-se do escudo e da espada e decide dizer à Penthesilea – que não se lembra do ocorrido – que ela o derrotou em combate e que, portanto, ele é seu prisioneiro. Esse embuste será o mote para o desenlace da tragédia. Penthesilea descobre que, na verdade, ela fora abatida por Aquiles. O herói desafia Penthesilea para um combate, em que se prostraria aos pés da heroína para cumprir com a sua vontade. No entanto, Penthesilea não entende as reais intenções de Aquiles e o ataca com os cães, rasgando-lhe o peito com os dentes. Morto Aquiles, Penthesilea, após um breve momento, recobra a consciência do que acabara de ocorrer e morre aniquilada pela dor de ter matado o seu amor.

Fora do contexto de elaboração do mito, a peça remonta o cenário da Guerra de Tróia, e, além do mito do encontro de Penthesilea e Aquiles, o autor recria o mito das amazonas, mantendo a estrutura básica do mito, mas, ao mesmo tempo, criando um pano de fundo que justifique as ações dos personagens. No *Dicionário de mitologia*, de Pierre Grimal (1993), as Amazonas são descritas como um povo de mulheres guerreiras, consideradas descendentes do deus Ares e da ninfa Harmonia. Conforme o mito, elas amputavam um seio para o melhor manuseio do arco e da lança, e este costume é que explica o nome Ἀμαζόνες, que significa "As que não tem seio". Na tragédia de Kleist, o mito das Amazonas é narrado por Penthesilea a Aquiles. Ela conta que os homens da tribo dos Citas foram massacrados pelos Etíopes que, vencedores, possuíram as mulheres da tribo. Essas mulheres, cansadas de sofrer, passavam suas noites no templo de Marte implorando por salvação. Não tardou que essas mulheres começassem a transformar os seus adornos de metal em punhais, que seriam usados nas núpcias do rei etíope Vexóris com a rainha cita Tánais. Depois de celebrada a cerimônia de casamento, a

---

paralisara, permanecem imóveis, e, lembradas da ordem da rainha, não ousam desembainhar as espadas, ei-lo que se aproxima da desfalecida, inclina-se sobre ela, e exclama: "Pentesileia!". Toma-a nos braços e, amaldiçoando em voz alta o acto que cometera, chama-a de novo à vida com seus lamentos!"

rainha cita apunhalou o rei etíope no peito. O deus Marte consumou o matrimônio com Tánais, e as novas guerreiras exterminaram os etíopes que haviam matado os homens de seu povo. Com a dominação do território pelas mulheres, elas decidiram criar um Estado em que nenhum homem teria autoridade e cuja rainha seria Tánais. Determinaram também que cada filho homem que nascesse naquele Estado de mulheres seria morto. Porém, quando Tánais subia as escadas do templo de Marte para receber o arco de ouro das mãos da Grande Sacerdotisa, uma voz a repreendeu dizendo que este Estado seria motivo de escárnio, pois as mulheres não conseguiriam distender os arcos como os homens devido aos seus seios redondos. A rainha então arrancou o seio direito com as próprias mãos, batizou o novo povo com o nome de Amazonas – "mulheres de seios cortados" – e morreu.

Desse momento em diante, as amazonas passaram a se organizar da seguinte maneira: todos os anos, a rainha convocava as virgens na flor da idade do reino, e, no templo de Ártemis, acontecia a Festa das Virgens, em que eram imploradas à deusa as bênçãos dos seios com a fecundação. Então, a Grande Sacerdotisa se dirigia ao templo de Marte, que designava um povo belicoso que o substituiria na fecundação das mulheres. No templo, as virgens eram aclamadas noivas de Marte, eram armadas pelas próprias mães e partiam para escolher o guerreiro ao qual coroariam na Festa das Flores. Depois de fecundadas, era realizada a Festa das Mães e as guerreiras voltavam ao seu reino.

Segundo Lukács (2012, p. 250-251), a recriação desses mitos por Kleist tem como intenção a criação de um "mundo social próprio" que atenda à representação da singular paixão monomaníaca de Penthesilea:

> Especialmente o estado das amazonas em *Pentesileia* é um tal mundo exótico: a paixão de Pentesileia não brota de um mundo determinado, como as paixões em Shakespeare e Goethe. A paixão de Pentesileia é o produto da alma fechada e solitária do isolado Kleist, do poeta que se isola encapsulado em si mesmo. E – totalmente ao contrário

dos grandes poetas do passado – é então imputado a essa paixão um 'meio social' a ela ajustado e dela 'esclarecedor'.

Os mitos recriados, dessa forma, dão embasamento para as ações das amazonas na peça, sendo a todo momento resgatadas as características básicas dos mitos originais: Tánais é o nome pelo qual era conhecido o rio Don durante o período Cita; os citas eram um povo que dominava o manuseio do arco. Esses elementos, transportados para o mito recriado na peça, transformam-se em subsídios fundamentais para a configuração dos personagens que agora fazem parte da história que está sendo contada. A essa livre utilização do mito Lukács (2012) denomina "forma artificial de ambientação sócio-histórica", em que, o autor, valendo-se do repertório das narrativas míticas das Amazonas e da rainha Penthesilea, recria o mundo social de maneira que esse mundo passe a atender às necessidades da paixão "monomaníaca" (Lukács, 2012, p. 250) que ali terá o seu pano de fundo. A sociedade das amazonas, devido às humilhações sofridas no passado, não consegue se render ao mais puro dos sentimentos; o orgulho pelo qual essas guerreiras foram criadas por toda a vida as impede de se subjugar a um homem. Somente com a conquista pela espada é que sua moral se vê livre para receber o amor do outro.

Ao contrapor mito original e mito ideológico, Fiker (1983, p. 53) identifica o caráter de dominação que é ocasionado pela reinterpretação/recriação que se faz do mito original. Para ele, a utilização do mito fora do seu contexto de produção pode ser entendida como um "veículo para uma mensagem, muitas vezes política", que cria uma falsa consciência do real, servindo, assim, como instrumento de dominação. Kleist estabelece um discurso outro que não o mítico empregando elementos do mito original, ou seja, o autor institui, por meio de uma narrativa primeira, um diálogo entre a cultura antiga e a moderna, a fim de recriar algo que já estava estabelecido anteriormente e, com isso, possibilitar uma forma de comunicação entre essas culturas. Esse mito recriado, coerente em si mesmo, busca sua fonte nos antigos, mas a desordem sentimental de que partilham os seus personagens representa a fundo o espírito fragmentado e perturbado à procura de saciedade. Não para fins políticos, mas como forma de representação desse homem moderno podemos entender essa modernização que Kleist faz do mito original. Incorpora-se o mito e passa-se a representar um ritual dionisíaco, em que a bacante Penthesilea, como *As bacantes* de Eurípides, ensandecida se vinga do amor abatendo sua representação física.

A "desumanização" que Kleist faz da Antiguidade é, segundo Lukács (2012, p. 252), "uma guinada na história do drama alemão", pois essa modernização e a inserção da barbárie na Antiguidade podem ser entendidas como predecessoras das ideias nietzschianas que fervilharam o século XIX. Assim, essa barbarização da Antiguidade Clássica e a recriação de seus mitos tonalizam uma cultura que estava imersa na pureza e opacidade criada por clássicos e iluministas, dando a Kleist o mérito de ter sido o pioneiro do dionisíaco no início do século XIX.

3.2.1 A representação da beleza e do grotesco em *Penthesilea*

Se o tema elegido por Kleist para a composição de sua peça é clássico, a configuração dada ao texto parte de uma visão inteiramente pessoal sobre o mito da rainha amazona, apagando a atitude clássica de comedimento e opacidade para representar um ritual dionisíaco de autodestruição que nos é mostrado no palco pela exacerbação de sentimentos a que é jogada a heroína da peça. A unidade clássica é tomada de chofre por um turbilhão de sentimentos que são devidamente amparados pela ambientação criada por Kleist para a contextualização das ações dos personagens. Cada ação que se dá no palco tem respaldo nesse mito recriado e ambientado de forma a possibilitar os diversos movimentos que oscilam entre a violência e a brandura, numa tentativa de síntese que procure abarcar na figura antitética da heroína Penthesilea a beleza proveniente da graça, mas também a sua caracterização grotesca, que realmente a transforma num animal em cena. A heroína é a verdadeira plasmação romântica entre o belo e o grotesco de que é constituído seu ser, ela é a representante da busca de uma síntese de elementos contrários que, segundo Rosenfeld e Guinsburg (2005, p. 292), fez com que Kleist fosse um dos primeiros autores a redescobrir o dionisíaco e, com ele, celebrar um ritual antropofágico que colocou em evidência o aspecto grotesco que a arte romântica vem agora trazer aos olhos do público.

A heroína caminha pela peça na maior parte do tempo em estado de obumbração, abandonando o consciente, motivada pela ideia fixa de conquistar Aquiles. Conscientemente ela não conseguiria abdicar do orgulho para se entregar ao amor. Esse estado onírico tipicamente romântico em que a heroína se deixa cair perpassa vários momentos da tragédia, mas se intensifica quando o horror final irá tomar conta da ação. Ela cria, para si e para Aquiles, um mundo ideal em que a guerra é a possibilidade de realizar um amor impossível, pois a realidade lhe impede, enquanto rainha das Amazonas, de subjugar-se a um guerreiro. Assim, percebe-se em Penthesilea uma perda de consciência gradativa, em que o ideal sonhado vai se sobrepondo à realidade que lhe parece estranha, até o ponto em que, em vista dessa realidade enganosa, o ideal toma as rédeas na condução da ação e faz com que os movimentos de Penthesilea sejam tomados pela fúria incontida de realizar o desejo presente no ideal.

Ela incorpora o instinto que ora parece de sobrevivência, ora se transforma num saciar de uma paixão incontrolável, e, ao despertar, não se recorda do que aconteceu; é como se tudo não passasse de um sonho ruim. O sonambulismo que se apodera de Penthesilea a faz perambular pelo real de forma impulsiva e intensa: todas as razões que a fizeram ir à Tróia confluem para essa paixão monomaníaca. Porém, o desprezo do consciente é parcial, pois se sente que a terrível consciência do mundo exterior lateja nesse estado onírico, ainda que esse resquício de consciência não seja suficiente para sufocar a paixão incutida na heroína pela possível vitória sobre um deus. Percebe-se que o movente de Penthesilea não se resume somente ao seu amor por Aquiles, mas também à sobreposição, com a vitória, ao famoso herói da guerra de Tróia.

Segundo Jan Söffner (2009), em seu texto "Penthesileas Zorn" ("A ira de Penthesilea"), Kleist teria lido a tradução da *Ilíada* feita por Heinrich Voß, em que consta um verso a mais: "*So fand Hektor sein Grab, doch naht Amazonenvolk Troja*".[27] O autor nos diz que esse verso provavelmente foi inserido por Quinto de Smirna (o autor das *Posthomericas*), e que Kleist poderia ter retirado a ideia de composição da peça dessa mesma fonte, apontando diversas outras características em *Penthesilea* que remetem à *Ilíada* de Homero. Segundo ele, a *Ilíada* trata da ira de Aquiles, já a *Penthesilea* de Kleist trata da ira da rainha amazona, contrapondo a essa ira o amor avassalador de Aquiles, que o torna fraco e submisso à poderosa Penthesilea. Segundo Söffner, as configurações dadas a Aquiles por Kleist tornam-no muito semelhante a Paris, pois os dois personagens são dominados pelo sentimento amoroso que se sobrepõe à ira, tornando Aquiles o oposto daquele herói impetuoso que aparece em Homero. Aquiles é capaz de se subjugar a Penthesilea por amor; ele é capaz de se curvar perante a heroína, mesmo sabendo que pode vencê-la em combate. É, de certa forma, incomum ver os traços que Kleist dá à figura de Aquiles. O filho de Peleu, temido por todos na guerra e descrito por sua fúria avassaladora se rende ao amor e, romanticamente, sobrepõe esse sentimento à razão. Földenyi (2003, p. 147) nos diz que "*Dem weiblichen (- MÄDCHENHAFTEN) Achilles muß sie [Penthesilea] als Mann vorkommen*".[28]

Söffner destaca que Kleist incorporou, em seus personagens, a fúria de Aquiles e o amor inconsequente de Paris, modelando um paradoxo entre ira e amor em que os dois afetos não se subordinam um ao outro, ocasionando a tragédia final. É interessante a descrição de Söffner da ira de Penthesilea; para ele, essa ira é similar ao "estado de Bersekers", que eram guerreiros nórdicos que cultivavam o deus viking Odin, providos de uma fúria incontrolável nas batalhas. Penthesilea, em sua última batalha, parece incorporar esse estado, causando pavor não só em Aquiles, mas em todos os guerreiros que o acompanham. Kleist cria o ambiente perfeito para que a ira de Penthesilea se desenvolva por meio do engano e do sentimento

---

27. "Então Heitor encontrou seu túmulo, em Tróia, próximo ao povo das Amazonas."
28. "Ela [Penthesilea] parecia um homem perto do afeminado Aquiles."

de traição. A aristeia épica é incorporada ao drama e proporciona a Penthesilea a fúria para conseguir seu intento de consumir Aquiles. Assim, ela se nega a enxergar a realidade que a circunda e põe em cena a vingança perfeita para o seu sentimento traído: consumir o coração daquele que a traiu.

Enquanto Penthesilea enlouquece de orgulho, Aquiles enlouquece de amor. E os dois travam a sua própria batalha; separados de seus séquitos, eles irrompem o campo de batalha numa luta de amor e ódio, de dominador e dominado, em que não há, para um e outro, a possibilidade de fuga desse amor doentio; por mais que a heroína seja constantemente chamada à consciência por suas seguidoras, o sentimento que busca aplacar a solidão deixada pela morte de sua mãe e o dever de cumprir o ordenado por ela impossibilitam que Penthesilea abandone o campo de batalha. Aquiles é flechado pelo amor, e esse encantamento o faz cogitar o rebaixamento de herói grandioso a escravo de uma rainha Amazona; o poderoso filho de Peleu não é arrebatado pela espada, mas pelo coração. A agitação de sentimentos faz com que os dois heróis se desprendam de amazonas e gregos para viverem essa paixão individual. O individualismo, o abandonar ao outro para colocar-se em primeiro plano e buscar a satisfação plena do seu desejo é marcadamente a característica primordial dos heróis dessa tragédia. E essa confusão que os conecta gera inúmeros mal-entendidos que, longe da razão e da consciência que seus conselheiros podem trazer para a questão, acaba por destruí-los completamente.

Essas situações de mal-entendido e de confusão que são o movente da ação foram descritas por Lukács (2012, p. 245) como característica básica dos escritos de Kleist. Segundo ele,

> O esquema do enredo [*Handlung*] é sempre o ininterrupto desmascaramento desses mal-entendidos, mas de um modo muito original e complicado. A saber, de maneira que cada desmascaramento faz ainda mais opaco o emaranhado dos mal-entendidos, que cada passo adiante torna sempre mais fechado o cipoal dos mal-entendidos e

somente a catástrofe final – frequentemente de um modo súbito e direto – revela a verdadeira realidade.

Os mal-entendidos preparam a catástrofe final, em que Aquiles será literalmente consumido pelo amor de Penthesilea. E não há como não pensar que o grande tema dessa tragédia seja o consumo do homem pela realidade, pois o impulso de amor de Penthesilea é movido pelo prazer de alcançar o objetivo inicialmente proposto, porém, a dor causada pela consciência da impossibilidade de submissão a esse amor, pela impossibilidade de realização desse amor, a faz criar um ideal em que ela possa alcançar a plenitude. A satisfação do prazer infringe a conduta a ser seguida, e nisso reside o embate entre consciência e inconsciência. Quando a heroína se deixa submeter pela inconsciência, pelo instinto, sua animalidade transparece (Kleist, 2012, p. 102):

> MEROE. [...] Sich über ihn, und reißt – reißt ihn beim Helmbusch,
> Gleich einer Hündin, Hunden beigesellt,
> Der greift die Brust ihm, dieser greift den Nacken,
> Dass von dem Fall der Boden bebt, ihn nieder!
> Er, in dem Purpur seines Bluts sich wälzend,
> Rührt ihre sanfte Wange na, und ruft:
> Penthesilea! meine Braut! was tust du?
> Ist dies das Rosenfest, das du versprachst?
> Doch sie – die Löwin hätte ihn gehört,
> Die hungrige, die wild nach Raub umher,
> Auf öden Schneegefilden heulend treibt;
> Sie schlägt, die Rüstung ihm vom Leibe reißend,
> Den Zahn schlägt sie in seine weiße Brust,
> Sie und die Hundem die wetteifernden,
> Oxus und Sphinx den Zahn in seine rechte,
> In seine linke sie; als ich erschien,
> Troff Blut von Mund und Händen ihr herab.[29]

---

29. "MEROE. [...] Ela é só mais uma cadela, entre os cães que o abocanham – este mordendo-lhe o peito, aquele filando-lhe a nuca. Aquiles, que se revolve nas rubras golfadas do seu próprio sangue, ainda lhe aflora com a mão a mimosa

Ela abocanha justamente o lado esquerdo do peito, o coração, que era o seu alvo. Impossibilitado de ser sentido, seu desejo de possuir o coração de Aquiles é concretizado fisicamente; enquanto ela acreditava cobrir seu amor de beijos, na verdade estava engolindo-o (Kleist, 2012, p. 115):

> PENTHESILEA.
> So war es ein Versehen. Küsse, Bisse,
> Das reimt sich, und wer recht von Herzen liebt,
> Kann schon das eine für das andre greifen.[30]

O ritual antropofágico a faz consumir literalmente o objeto de seu amor e a transforma em uma figura grotesca que nada mais nos parece do que um dos animais que se serve do corpo de Aquiles. Para Penthesilea, o seu movimento inconsciente está condizendo às suas intenções: ela queria cobrir-lhe de beijos, e o seu inconsciente lhe mostrava isso (Kleist, 2012, p. 116):

> PENTHESILEA.
> Wie manche, die am Hals des Freundes hängt,
> Sagt wohl das Wort: sie lieb ihn, o so sehr,
> Dass sie vor Liebe gleich ihn essen könnte;
> Und hinterher, das Wort beprüft, die Närrin!
> Gesättigt sein' zum Eke list sie schon.
> Nun, du Geliebter, so verfuhr ich nicht.
> Sieh her: als ich an deinem Halse hing,

---

face, e exclama: "Pentesileia, minha noiva, que fazes? É esta a Festa das Rosas que me prometias?" A leoa faminta que, no pertinaz encalço da presa, vagueia uivante por desoladoras campinas geladas, teria ouvido a sua súplica. Mas ela, ela arranca-lhe a couraça do corpo e crava-lhe os dentes no níveo peito; ela e os cães, à compita: Oxus e Sfinx abocanhando o lado direito, ela o lado esquerdo... Quando apareci, escorria-lhe o sangue da boca e das mãos."

30. "PENTHESILEA. Foi, pois, um erro. Beijar... rasgar... são palavras que rimam. e quem ama de todo o coração, pode pensar uma coisa, e fazer outra."

Hab ich's wahrhaftig Wort für Wort getan;
Ich war nicht so verrückt, als es wohl schien.[31]

A consciência, contudo, lhe clarifica a ação bizarra, a compreensão lhe faz enxergar o horrendo. Sua razão, dignidade e graça sucumbem e a tornam o espectro da violência e do instinto animal a que se submeteu. Assim, em Penthesilea vemos a beleza e pureza que despertam o sentimento sublime magnífico[32] sendo aos poucos apagadas pelo grotesco que irá tomar conta de sua figura, até o ponto da chegada de sua animalidade completa. O contraste instaurado entre um estado e outro é evidente, e a graça preservada e, cada vez mais, sublimada na heroína de Schiller é, em Kleist, tornada a ponta do abismo a que a personagem cai em busca de satisfação.

A consciência da heroína significa sua perda de senso, o seu lançar no abismo da loucura, e é dessa forma que a ação de morder Aquiles representa nesse mundo ideal o cobrir de beijos. Segundo Hohoff (1977), não só em *Penthesilea*, mas também nas peças *Das Käthchen von Heilbronn*, *Prinz Friedrich von Homburg* e na novela *Michael Kohlhaas*, esse processo de obscurecimento da consciência em que caem os personagens faz parte de uma ação que levará os heróis de Kleist até a "borda da tumba", onde haverá a clarividência da essência do mundo, processo esse análogo ao que o homem deve percorrer para alcançar a plenitude do Deus. Porém, para o autor, essa clarividência plena somente será alcançada por Friedrich Homburg e Michael Kohlhaas, pois Penthesilea e Käthchen permanecem apenas na fase do obscurecimento, não alcançando o auge de conhecimento

---

31. "PENTHESILEIA. Muitas são as mulheres que se penduram ao pescoço do amigo e lhe dizem: Amo-te tanto – oh!, tanto!, que seria capaz de te comer! Mas, mal proferiram estas palavras, logo essas tolas ficam saciadas até à repugnância. Eu, porém, meu querido, não procedi assim. Pois, quando te enlacei o pescoço, foi para cumprir a minha promessa – sim – palavra por palavra. Como vês, não estava tão doida como poderia parecer."
32. Utilizei aqui a diferenciação dada por Kant em sua obra *Observações acerca do sentimento do belo e do sublime* entre os tipos de sentimento sublime que podem ser suscitados no homem. Segundo o autor o sublime pode vir acompanhado de terror, melancolia, chamado sublime terrível; de admiração, chamado sublime nobre; e de beleza, chamado sublime magnífico.

a que participam os dois heróis, uma vez que os dois personagens passam pela experiência do mundo caótico e conseguem ao final alcançar a conciliação do eu com o mundo (1977, p. 146):

> El alma ha dejado de ser para ellos prisionera de la carne, lo eterno está presente en cada instante. Ya no hacen falta mitos, ni los inventados en torno a un jarro roto, ni el histórico como en la obra de las amazonas. En la situación concreta, que es absoluta e incluso eterna, uno no se necesita más que a sí mismo.

Se, ao início, Kohlhaas e Homburg estão cegos por um ideal que não conhece a injustiça, quando inseridos em um mundo que não acompanha o seu centro de gravidade, a consciência não consegue encontrar correspondentes ao mundo fantasioso criado no ideal, e então reconhece o real que os cercava. Segundo Hohoff, esse tomar conhecimento da realidade difere, portanto, do estado de perda da consciência de Penthesilea e Käthchen, pois estas têm consciência das convenções da realidade em que estão inseridas e preferem fugir dessas convenções criando um mundo ideal próprio, ou seja, vão na linha contrária de Kohlhaas e Homburg, que, por fim, conseguem alcançar a essência desse mundo, sua verdade. A inocência dos dois heróis necessita de claridade; a consciência das heroínas, de obscurecimento.

Assim, se Kleist (2012, p. 103) caracteriza Penthesilea como uma heroína provida de todos os atributos das heroínas tipicamente schillerianas, "*So voll Verstand und Wurd und Grazie*",[33] aos poucos estes atributos são sobrepostos pela sua inclinação ao elemento grotesco, sendo enfocada a obstinação animal, instintiva, com que busca alcançar seu objetivo de conquistar Aquiles pela espada (Kleist, 2012, p. 9):

DIOMEDES.
[...]
So folgt, so so hungerheiss, die Wölfin nicht,
Durch Wälder, die der Schnee bedeckt, der Beute,

---

33. "Tão ajuizada, tão cheia de dignidade e de encanto!"

> *Die sich ihr Auge grimmig auserkor,*
> *Als sie, durch unsre Schlachtreihn, dem Achill.*[34]

A loba Penthesilea caça a sua presa, e essa obstinação alcançará a loucura em seu ápice. A violência que será emprega por Penthesilea já é reflexo das próprias palavras que são proferidas na descrição de suas ações pelos personagens da tragédia. Nelas, é possível perceber a progressão de Penthesilea à loucura, que terá seu ápice com o ato antropofágico (Kleist, 2012, p. 14):

> DER HAUPTMANN.
> [...]
> *Drauf jetzt, gleich einer Rasenden, sieht man*
> *Empor sie na des Felsens Wände klimmen,*
> *Jetzt hier, in glühender Begier, jetzt DORT,*
> *Unsinn'ger Hoffnung voll, auf diesem Weg*
> *Die Beute, die im Garn liegt, zu erhaschen.*[35]

Segundo Victor Hugo (s/d., p. 28), o grotesco, enquanto "elemento de arte", é a linha que separa a arte antiga da moderna, a literatura clássica da romântica, pois, unido ao belo, faz despertar a arte para um novo momento:

> é da fecunda união do tipo grotesco com o tipo sublime que nasce o gênio moderno, tão complexo, tão variado nas suas formas, tão inesgotável nas suas criações, e nisto bem oposto à uniforme simplicidade do gênio antigo; mostremos que é daí que é preciso partir para estabelecer a radical e real diferença entre as duas literaturas.

A inserção do grotesco na arte, segundo Victor Hugo, torna esse elemento como um ponto de contraste para o sublime, uma forma de elevação do belo que o deixa mais perceptível, pois a contraposição

---

34. "DIOMEDES. [...] A loba esfomeada não persegue a presa, que o seu olho cruel escolheu, através das florestas cobertas de neve, como ela procura Aquiles por entre as nossas fileiras."
35. "O CAPITÃO. [...] Como uma louca, vemo-la, então, obstinar-se em trepar pela parede rochosa, ora neste ponto, ora naquele, devorada pela esperança insensata de capturar a presa que jaz na armadilha."

do sublime com o próprio sublime não produz esse contraste: ele dá ao belo "uma coisa de mais puro, de mais sublime" (Hugo, s/d., p. 34) justamente porque torna o belo mais evidente. Dessa forma, o grotesco mesclado ao belo está mais próximo da realidade, permeada de contradições, pois as ações do homem nessa realidade vão de um a outro naturalmente, sem que isso cause estranhamento. O homem moderno vive essa dualidade tão intensamente que o belo e o grotesco se mesclam da forma mais natural possível.

Antecipando alguns passos dessas características, Kleist cria a sua Penthesilea de forma a permitir que confluam nela o belo e o grotesco de forma a provocar no espectador/leitor um sentimento sublime que abarca o terrível. É essa mescla de contrários que o drama aborda e põe em cena; é a realidade e todas as suas contradições mais absurdas que estão sendo encenadas. Enquanto, no início da peça, o grotesco em Penthesilea vem velado em sua graça, ao assumir totalmente o estado de inconsciência, o grotesco tomará conta da ação.

Schiller (2008, p. 36), em *Sobre graça e dignidade*, parece captar esse estado de sonambulismo e entrega à animalidade que Kleist cria em sua personagem ao contrapô-lo à bela alma expressa pela graça:

> Só a animalidade fala desde o olho flutuante e moribundo, desde a boca lasciva aberta, desde a voz sufocada e trêmula, desde a respiração curta e rápida, desde o tremor dos membros, desde toda a estrutura relaxada. Toda resistência da força moral foi abrandada e a natureza é posta nele em completa liberdade. Mas justamente este abrandamento total da auto-atividade [*Selbsttätigkeit*], que costuma ocorrer no momento do desejo sensível e ainda mais na fruição, também põe momentaneamente em liberdade a matéria bruta que, antes, estava vinculada pelo equilíbrio das faculdades ativas e passivas. As forças mortas da natureza começam a obter a supremacia sobre as forças vivas da organização, a forma começa a ser oprimida pela massa, a humanidade, pela natureza comum. O olho que irradia a alma torna-se opaco ou também brota *vítreo* e *fixo* de sua cavidade, o delicado encarnado das faces engrossa num verniz tosco e homogêneo, a boca se torna em

mera abertura, pois sua forma não é mais efeito das forças que agem, mas das forças que abrandam, a voz e a respiração ofegante não são mais que sopros pelos quais o peito queixoso quer se aliviar e que agora apenas dão a conhecer um carecimento mecânico e nenhuma alma. Numa palavra: junto à liberdade, que a sensibilidade *toma para si*, não se deve pensar em nenhuma beleza. A liberdade das formas, que a vontade ética somente tinha *limitado*, é *dominada* pela matéria tosca, que sempre ganha tanto terreno quanto é arrancado à vontade.

A descrição de Schiller, do domínio da natureza sobre o homem associada à personagem de Kleist (2012, p. 103), torna gritante o afastamento de Penthesilea da graça que antes formava seu ser:

> DIE ERSTE PRIESTERIN *(am Busen der zweiten weinend).*
> *Solch eine Jungfrau, Hermia! So sittsam!*
> *In jeder Kunst der Hände so geschickt!*
> *So reizend, wenn sie tanzte, wenn sie sang!*
> *So voll Verstand und Würd und Grazie!*[36]

O que antes constituía a dominação de um estado de graça é contraposto a uma dominação da natureza que impossibilita qualquer alma, qualquer graça (Kleist, 2012, p. 103):

> MEROE.
> *Jetzt steht sie lautlos da, die Grauenvolle,*
> *Bei seiner Leich, umschnüffelt von der Meute,*
> *Und blicket starr, als wär's ein leeres Blatt,*
> *Den Bogen siegreich auf der Schulter tragend,*
> *In das Unendliche hinaus, und schweigt.*[37]

Schiller (2008, p. 36) acredita que a descrição de uma ação desse tipo não só é revoltante em sentido moral como também em

---

36. "A PRIMEIRA SACERDOTISA (*chorando contra o peito da segunda*). Uma virgem como ela, Hermia, tão honesta e pura! Tão prendada em todos os lavores! Tão graciosa, quando dançava, quando cantava! Tão ajuizada, tão cheia de dignidade e de encanto!"
37. "Ali está ela agora, especada, muda, a atroz criatura, junto do cadáver que a matilha fareja, de olhos fixos no vazio infinito, o arco vitorioso pendente do ombro."

sentido estético, uma vez que não proporciona ao espectador um entretenimento baseado em liberdade. Isso se torna claro na própria configuração das heroínas dos dois autores: enquanto Penthesilea é dominada pelo impulso sensível, que vence a razão, em Johanna, o impulso sensível é mero propulsor para que a heroína resgate a sua humanidade para a harmonização dos impulsos e sua posterior sublimação com a dignidade. Dessa forma, segundo Schiller (2008, p. 37), "Assim como a *liberdade* está no meio da pressão legítima e da anarquia, logo, também encontraremos agora a *beleza* no meio da *dignidade*, como expressão do espírito dominante, e da *volúpia*, como expressão do impulso dominante". O estilo kleistiano, ao contrapor o belo e o grotesco em suas obras de arte, era recusado pelo clássico Schiller uma vez que expunha a dominação do vício e da inclinação, o que ia contra o propósito de uma educação estética baseada em preceitos morais. Apenas a autocondenação final de Penthesilea e a sua reconciliação com a ordem moral poderia ser considerada por Schiller (1992, p. 25) como uma ação carregada de beleza moral:

> Mesmo no seu grau máximo, no desespero, são moralmente sublimes o arrependimento e a autocondenação, porque nunca viriam a ser sentidos, caso não despertassem no imo do criminoso um incorruptível sentimento de justiça e injustiça, fazendo valer suas reivindicações mesmo contra o mais inflamado interesse do amor-próprio. O arrependimento de um crime origina-se da comparação do mesmo com a lei moral, significando a desaprovação desse ato, por entrar em conflito com ela.

Penthesilea é o símbolo de inocência que se torna obscura em meio ao mundo caótico e que somente consegue encontrar o seu eu a partir do conhecimento que lhe possibilitará a morte. Se, por um lado, esse estado de inconsciência de Penthesilea equivale à inocência da marionete, que não tem consciência de seus movimentos, por outro, pode ser entendido como um estado correspondente à consciência total do Deus, uma vez que esta lhe permite enxergar a impossibilidade de realização desse amor, a prevalência do orgulho de que é constituído o seu ser e do seu papel enquanto regente de uma sociedade de mulheres guerreiras. A ação de matar Aquiles é, dessa forma, o único meio de preservar a si mesma e aos que ela deve proteger. Somente a total consciência dessa realidade lhe permite a ação. A entrega ao estado animal comprova, portanto, a sua entrega real à humanidade que não lhe possibilita vivenciar a experiência amorosa. Assim, a volta à ordem necessita dessa ação e da posterior morte de Penthesilea: o excesso de orgulho e de amor desequilibraram a ordem natural que constituía a sociedade das Amazonas, portanto, é preciso que Penthesilea e Aquiles sejam abatidos para o retorno ao "paraíso".

Na contramão do pensamento schilleriano, portanto, podemos pensar no sonambulismo de Penthesilea como dotado de graça, pois, se, segundo o *Teatro de marionetes*, a consciência destrói a graça, a inconsciência presente na peça se aplica justamente à libertação da graça por meio do obscurecimento da razão. Essa graça liberta é comparável à graça proveniente da marionete e do urso, seres desprovidos de consciência que conseguem revelar o seu íntimo, a sua vontade suprema, por meio da inconsciência. A vontade maior de Penthesilea é concretizada através do sonambulismo, que a prepara para a prática da ação que tanto ansiava: chegar à plenitude do amor pela consumação. O ritual antropofágico que ali se processa adquire ares de realização e triunfo sobre a consciência que impedia a consumação do amor. Orgulho e amor somente poderiam ser conciliáveis em Penthesilea através desse ritual, em que a heroína consegue subjugar o herói e ao mesmo tempo "cobrir-lhe de beijos", consagrando, assim, a sua vontade. A volta da consciência é também a derrocada da plenitude da amazona, e só a morte poderá conciliá-la novamente consigo mesma.

À vista disso, a Penthesilea que sucumbe à dor após o reconhecimento de seu crime, é metaforizada por Kleist a partir da figura do roble que é arrancado pelo furacão devido à sua frondosa copa:

> *Sie sank, weil sie zu stolz und kräftig blühte!*
> *Die abgestorbne Eiche steht im Sturm,*

Doch die gesunde stürzt er schmetternd nieder,
Weil er in ihre Krone greifen kann.[38]

O orgulho e o amor de Penthesilea ao excesso fizeram com que ela fosse abatida pela impossibilidade de conciliação entre o seu ideal e a realidade que teimava em desfazer seus sonhos. A dor sobrelevada acima dos limites, que, em Schiller, impulsiona os atos morais elevados de Johanna, em Kleist, é o mote para a descida de Penthesilea aos abismos da loucura; a dor é sentida profundamente, ainda que a heroína tente se afastar dela por meio da inconsciência. A incompatibilidade entre homem e mundo encontra na morte a única possibilidade de unificação do amor que a realidade impede; a morte de Penthesilea é símbolo para essa compreensão de que a realidade nunca lhe será compatível.

Peter-André Alt, em seu artigo "Poetische Logik verwickelter Verhältnisse: Kleist und die Register des Bösen" ("Lógica poética de relações complexas: Kleist e o registro do mal", 2009), nos diz que Kleist, em suas obras, faz uma redefinição do mal, tornando-o relativo, diferindo, portanto, da definição do mal contida no escrito kantiano *A religião nos limites da simples razão*. Segundo Kant, o mal provém do livre arbítrio do homem, e não está ligado a qualquer inclinação física, pois requer o uso da liberdade, que não pode ser ligada aos impulsos sensíveis. A inclinação para o mal no homem está diretamente ligada à faculdade moral do arbítrio, portanto, só existe onde há liberdade, o que torna contraditória a ligação da origem do mal a uma inclinação física, pois só em termos morais é que se pode falar em atos maus. A imputação do bem ou do mal na distinção kantiana às ações humanas tem de estar diretamente ligada ao livre arbítrio, e este, por sua vez, tem de obedecer à lei moral de forma que esta represente uma máxima do bem, impossibilitando o termo médio no homem entre o bem e o mal. Se a conduta boa ou má tem relação direta com a máxima moral, o que Kant nos irá dizer

---

38. "Tombou porque florescia soberba, pletórica de seiva! O roble, já sem vida, resiste ao furacão – mas ao que é forte e robusto, a esse derriba-o ele com fragor, pois pode agarrá-lo pela copa!"

é que as ações más do homem não implicam em um caráter mau, e sim que essas ações devem ser tais que impliquem na inclusão de uma máxima que represente o mal, e não o bem. Para que o homem possa ser considerado mau "por natureza" há que estar imbricada nele uma máxima que norteie o seu comportamento e que traduza o seu caráter. Kant deixa explícito que o mal não pode se dar a partir da experiência, mas somente a partir de uma máxima má que foi incluída na moral do homem, daí muitos acharem que o mal é uma característica inata do ser humano.

Para Peter-André Alt, a diferença essencial entre essa concepção e a concepção kleistiana está na definição de Kant de que o mal e o bem não podem coexistir numa mesma pessoa, enquanto os textos de Kleist deixam claro que a origem do mal depende do contexto em que se encontra a pessoa que praticou a ação má, podendo coexistir sim essas duas instâncias antitéticas. Kleist (*apud* Lukács, 2012, p. 236) diz que "Não pode ser um espírito mau o que está no vértice do mundo; é meramente um espírito não compreendido!", o que abre espaço para uma justificação do mal que parta de uma intenção que serve ao bem (Alt, 2003, p. 81):

> *Zu den dunklen Leidenschaften, die Treibsätze des Bösen bilden, gehören Hass und Ehrgeiz, Gier und Wollust, Argwohn und Wut. Sie lassen sich jedoch nicht nur als Auslöser übler Taten, sondern zugleich als deren konstitutive Elemente betrachten. Durchmischt und versetzt mit zerstörerischen Affekten ist das Böse, das aus der moralischen Selbstvergessenheit resultiert, ebenso wie jenes, das der Subreption sittlicher Motive und der Willkür des Normverstoßes zugrunde liegt. Anders als Kant hat Kleist dabei nicht die Opposition der Leitbegriffe, sondern die permanente Interdependenz ihrer Begründungszusammenhänge im Auge: das Böse ist das Produkt verwickelter oder, mit Luhmann, paradoxer Verhältnisse.*[39]

---

39. "As paixões obscuras que compõem os encargos propulsores do mal são ódio e ambição, cobiça e luxúria, ira e desconfiança. No entanto, eles podem ser considerados não apenas como a causa de ações más, mas, ao mesmo tempo, os seus elementos constitutivos. Misturando e misturado com as emoções destrutivas é o mal que resulta do auto esquecimento moral, bem como aquilo que está subjacente à aquisição fraudulenta de motivos morais e da arbitrariedade da violação da norma.

Não é a destruição do bem pelo mal, e sim a injustiça de suas ações que é provocada pelo emaranhado de ambiguidades que impedem seus personagens de distinguir entre o bem e o mal. Os heróis de Kleist não têm poder de decisão moral, pois, diferentemente de Kant, as ações desses personagens se dão em um mundo em que é impossível essa diferenciação. O sentido ambivalente que cada ação recebe nesse mundo impossibilita que os personagens consigam distinguir se o seu ato pende para o bem ou para o mal. Cegados pela vingança que se torna objetivo mor, os personagens de Kleist estão inseridos em um mundo que ultrapassa as barreiras do bem ou do mal, e que causa apenas o engano. Dessa forma, o mal, para Kleist, não está intrincado ao homem desde o seu nascimento, mas é uma projeção das ambiguidades criadas por esse mundo de engano. Assim, ele não está enraizado no homem, mas se reflete nele como forma de superar a vivência na realidade; ele é resultado da falta de conhecimento do homem diante do mundo e de si mesmo.

Alt (2003, p. 70-71) compara esse tipo de composição de Kleist a uma análise que Derrida faz do "teatro da crueldade" de Artaud: este renuncia às concepções de Deus em cena, uma vez que o teatro se torna o espaço onde Deus e suas concepções dão lugar a uma prática cruel que não abarca o teológico. Ele renuncia às diferenças binárias entre o bem e o mal para colocar em cena um mal que não mais faz parte desse sistema binário:

> *Zum Theater der Grausamkeit avanciert es nicht, weil es das Böse im Ensemble seiner es ermöglichenden Affekte zeigt, sondern durch die Konsequenz, mit der es die Grundlosigkeit eines Übels offenbart, das seine binäre semantische Strukturierung verloren hat.*[40]

Ao contrário de Kant, Kleist não tem em mente a oposição de conceitos-chave, mas sim a permanente interdependência de seus contextos explicativos: o mal é produto da confusão ou, com Luhmann, uma situação paradoxal."

40. "O teatro da crueldade não é promovido porque mostra o mal em seu conjunto que lhe afeta, mas pela consistência com a qual revela a improcedência de um mal que tenha perdido a sua estruturação semântica binária."

Alt usará, então, das três categorias de Kant sobre o mal[41] para apresentar três situações em que ocorrem as ações más nos textos kleistianos: no primeiro grupo de obras, o mal se dá pela "fragilidade" das pessoas em relação à subordinação às leis éticas (*Penthesilea, Der zerbrochene Krug, Prinz Friedrich von Homburg*); no segundo, pela "injustiça", em que os impulsos morais são contaminados pela imoralidade (*Die Familie Schroffenstein, Das Erdbeben in Chili, Die Verlobung in St. Domingo*); no terceiro, pela "malignidade" intencional, que se tornará uma máxima moral (*Michael Kohlhaas, Der Zweikampf, Die heilige Cäcilie oder die Gewalt der Musik, Das Käthchen von Heilbronn*).

Incluída no primeiro grupo, a ação má de Penthesilea é descrita pelo autor como desprovida de intenção, pois seu crime parte de uma fraqueza da vontade e da perda de controle desencadeadas pela desconfiança, não podendo ser justificado moralmente. Assim, ao atribuirmos a Penthesilea a inconsciência do mal praticado, não podemos imputar a ela o mal por excelência. Como Kant diz, não podemos conferir ao homem a maldade apenas por uma ação da experiência, mas apenas se há nesse homem uma máxima má que está intrincada em seu ser. As ações cruéis praticadas pelos personagens de Kleist são justificadas a partir de uma ideia superior, pura, que faz com que o ato horrendo, como em Kohlhaas e em Penthesilea, seja superado por essa ideia superior, por essa pureza de sentimentos. Desse modo, a Kohlhaas lhe são perdoados os atos pela grandeza de um sentimento moral que ultrapassa os males causados. Em Penthesilea, a grandeza de sua alma frente ao amor e à proteção ao seu grupo supera a selvageria com que demonstra o amor a Aquiles.

Nessa eliminação da estrutura binária entre bem e mal, é interessante a inserção de um vocabulário que tenta eliminar essa

---

41. "Podem distinguir-se três diferentes graus de tal propensão [para o mal]. *Primeiro*, é a debilidade do coração humano na observância das máximas adotadas em geral, ou a *fragilidade* da natureza humana; *em segundo lugar*, a inclinação para misturar móbiles imorais com os morais (ainda que tal acontecesse com boa intenção e sob as máximas do bem), i.e., a *impureza*; *em terceiro lugar*, a inclinação para o perfilhamento de máximas más, i.e., a *malignidade* da natureza humana ou do coração humano." (Kant, 1992, p. 35).

contradição: quando Aquiles chama Penthesilea de "*Halb Furie, halb Grazie*" (Kleist, 2012, p. 94)[42] há uma conversão sintagmática incomum, contraditória em seu cerne, pois une duas instâncias que se opõem; enquanto as Fúrias (ou Erínias) são dotadas de um aspecto horrendo, deusas da vingança encarregadas de punir os crimes cometidos pelos humanos, as Graças (ou Cárites) são as divindades do encanto, que acompanham a deusa Afrodite, a deusa da beleza. A aproximação entre dois grupos de divindades tão distantes faz com que a caracterização de Penthesilea penda para a união de opostos que cria uma figura única. Bem e mal, fúrias e graças, o belo e o grotesco habitam nesta heroína de forma a amalgamar uma forma de teatro que não mais se baseará na grandeza de atos morais para despertar o sentimento sublime. Esse sentimento é agora despertado pelo horror, pelo ato que choca o espectador não pela grandeza bela de suas ações, mas pelo terror, que provoca medo, espanto. O sentimento de impotência diante da fúria e da graça de Penthesilea é despertado por essa incompreensão da imaginação diante de uma situação que ela não consegue abarcar devido à sua grandiosidade, relegando à razão uma busca por conceitos que não conseguirão tornar racional aquela representação. Da prevalência da razão acima de qualquer instância sensível surge uma mescla de prazer e desprazer que configuram o sentimento sublime diante do ato terrível de Penthesilea.

Enquanto Schiller cria sua heroína Johanna a partir de um ideal abstrato, Kleist dá a Penthesilea um tom de realidade e crueza que assusta. Não conseguimos caracterizá-la a partir dos conceitos de bem ou mal pelo crime cometido; ela possui tamanha profundidade de sentimentos avassaladores que misturam essas duas faces do caráter humano que Kant tanto afastou. A grandiosidade, a imensidão de suas ações, está justamente nessa característica, que impossibilita ao espectador o alcance do entendimento diante dessas ações, não sendo possível identificar nenhum extremo, somente um jogo entre esses extremos. E não só convergem na mesma personagem fúrias

---

42. "Meio fúria, meio graça."

e graças, mas também conceitos abstratos adquirem novas significações; a violência implícita na palavra "guerra" inverte seu papel com a grandiosidade do amor: o que antes era grande se torna violento, e o que era violento se converte em amor, possibilitando as belíssimas cenas de luta entre Aquiles e Penthesilea, descritas de forma a nos dar a impressão de uma dança em que homem e mulher se cortejam (Kleist, 2012, p. 41):

DAS MÄDCHEN.
[...]
Seht, wie sie, in dem goldnen Kriegsschmuck funkelnd,
Voll Kampflust ihm entgegen tanzt! Ist's nicht,
Als ob sie, heiß von Eifersucht gespornt,
Die Sonn im Fluge übereilen wollte,
Die seine jungen Scheitel küsst! O seht!
Wenn sie zum Himmel auf sich schwingen wollte,
Der hohen Nebenbuhlrin gleich zu sein,
Der Perser könnte, ihren Wünschen frönend,
Geflügelter sich in die Luft nichet heben![43]

A guerra é a criação do mundo ideal em que a Penthesilea é possibilitada a realização do amor, e não da violência; é lá que ela poderá encontrar o amor e fruir da união com Aquiles (Kleist, 2012, p. 73-74):

PENTHESILEA.
Ach, Nereidensohn! – Sie ist mir nicht,
Die Kunt vergönnt, die sanftere, der Frauen!
Nicht be idem Fest, wie deines Landes töchter,
Wenn zu wetteifernd frohen Übungen
Die ganze Jugendpracht zusammenströmt,

---

43. "A PRIMEIRA VIRGEM. [...] Oh! Se a pudésseis ver, refulgente nos seus aprestos de guerra, como que dançando ao encontro dele, embriagada pela iminência do combate. Dir-se-ia que, espiçada pelo ciúme, quer antecipar-se ao Sol, que beija já a fronte do Pélida. Quisesse ela escalar os céus, para se medir com aquele grandioso rival, e não poderia o seu corcel, que em tudo lhe obedece, lançar-se nos ares com graça mais alada!"

Darf ich mir den Geliebten ausersehn;
Nicht mit dem Strauß, so oder so gestellt,
Und dem verschämten Blick, ihn zu mir locken;
Nicht in dem Nachtigall-durchschmetterten
Granatwald, wenn der Morgen glüht, ihm sagen,
An seine Brust gesunken, dass er's sei.
Im blut'gen Feld der Schlacht muss ich ihn suchen,
Den Jüngling, den mein Herz sich auserkor,
Und ihn mit eh'rnen Armen mir ergreifen,
Den diese weiche Brust empfangen soll.[44]

Assim, a virgem graciosa que busca na guerra conquistar um deus através da espada, que vai à sua procura vestida "como para uma festa", que enrubesce quando "o seu olhar encontra o filho de Peleu" (Kleist, 2012, p. 6-7), é dominada pela cólera quando se sente traída e se vinga de seu amado de uma forma que nos desperta horror e complacência, pois engloba em sua ação algo de grandioso que nos desperta o sentimento sublime. Do mesmo modo, Thusnelda, em *Die Hermannsschlacht* (*A batalha de Armínio*, 1808), atrairá seu amado para ser devorado por uma ursa faminta e assistirá com uma tranquilidade terrível Ventidius ser despedaçado e clamar por sua vida, tudo forjado como forma de vingança à traição por ele cometida. Essas figuras kleistianas nos fazem estremecer de terror diante da crueldade de suas ações, sentimento este que logo é abrandado por uma compreensão que vai além do ato cometido e busca justificativas para a maldade ali encenada.

---

44. "PENTESILEIA. Ah!, filho de Nereida, estão-me vedadas as cariciosas artes das mulheres! Não, não é durante uma festa, à qual aflui toda uma radiosa juventude ávida de rivalizar em alegres disputas, que tenho o direito de escolher um amante, como o fazem as donzelas de tua raça! Também não me é dado seduzi-lo inclinando o ramo de flores desta ou daquela maneira, ou com castos olhares furtivos; nem poderei confiar-lhe, contra o peito, quando a aurora resplandece no bosque de romãzeiras onde vibra o canto do rouxinol, que ele é aquele que eu amo. É no sangrento campo de batalha que terei de procurar o jovem que o meu coração elegeu, e é com braços chapeados de bronze que abraçarei aquele que o meu terno peito deve acolher."

Dessa forma, diante do que foi apresentado, podemos inferir que o sentimento sublime suscitado na obra de Kleist parte do terrível que abarca a ação de Penthesilea, enquanto em Schiller esse sentimento sublime é proveniente da grandeza moral de Johanna, que abdica a qualquer meio de autopreservação para salvar a sua pátria.

CONSIDERAÇÕES FINAIS

Chegando ao fim deste estudo, entrevemos no resultado obtido uma imensa ampliação daquilo que inicialmente nos havíamos proposto. A leitura e as sucessivas releituras das obras de Schiller e Kleist nos fizeram validar as intenções primeiras e descobrir novos caminhos para o entendimento de duas vertentes filosóficas e literárias que, ao mesmo tempo em que se aproximam, se distanciam de maneira extraordinária.

Inicialmente, prontificamo-nos a criar um panorama sobre os períodos literários em que estão inseridos Schiller e Kleist, procurando clarificar esse ambiente cultural em que floresceram, quase que ao mesmo tempo, Classicismo e Romantismo, duas correntes literárias que em seu bojo objetivam as formas de arte de maneira antitética. Para os clássicos alemães, a obra de arte tem o poder de educar o homem, numa tentativa de conciliação entre homem e mundo, espírito e natureza, que busca na Antiguidade Clássica uma forma ideal de representação que atinja esses objetivos. Para os românticos, a mescla de contrários, que abarca todas as formas de arte, encontra na produção artística dos antigos os parâmetros para a recriação de um novo sistema de arte, que ascenda à mesma perfeição dos gregos sem a necessidade de imitação, ou seja, busca-se criar objetos de arte que possuam a mesma força da arte clássica antiga e que, ao mesmo tempo, traduzam o sentimento atual. Volta-se tematicamente e formalmente para uma poesia que verta a experiência da vida em arte, ocasionando uma maior aproximação entre o homem e o mundo.

É nesse ambiente que Schiller e Kleist passam a conceituar e criar seus mundos estéticos. Os caminhos percorridos por Schiller para uma teorização sobre a educação estética do homem perpassam uma definição de beleza que culminará no estado de graça, que é o auge a que pode chegar o ser humano. Segundo Schiller, quando o dever se torna natureza no homem, e se conciliam as esferas moral e sensível, é possível falar em beleza moral, pois a beleza, enquanto propriedade dos objetos da natureza, pode participar da moral, objeto da liberdade, justamente porque esta se harmonizou com a natureza. Para tanto, a graça, produto da beleza moral, exige do homem um aperfeiçoamento dos sentimentos morais por meio do jogo estético que a arte proporciona que o encaminhe à plenitude, que o divinize.

Em Kleist, a problematização dessa questão é evidente: no *Über das Marionettentheater*, a repetição do jovem em frente ao espelho em busca da graça conduz o pensamento kleistiano para a contradição encontrada na perseguição de uma graça – que necessita de inconsciência – a partir de meios racionais. É precisamente pela entrega do homem à pureza dos sentimentos que ele conseguirá alcançar a plenitude que Schiller busca relegando a graça à harmonia entre razão e sensibilidade.

A dicotomia desses argumentos torna clara a distância dessas duas concepções estéticas, no entanto, também mostra a proximidade do conceito em si. A graça, nos dois autores, deixa de ter a significação de algo externo ao homem, como a religião preconiza, e passa a ser uma característica inerente ao homem, fonte de expressão de sua vontade. Contudo, da concepção religiosa da graça, será salvaguardada a característica de elevação do homem, de alcance do paraíso perdido, ou, como nos diz Kleist, a graça será o condutor do homem à outra ponta do mundo, à porta dos fundos do paraíso, porém, agora não mais provido de inocência, mas sim de consciência infinita, que lhe possibilite a plenitude do Deus. Os meios para alcançar essa graça são, em Schiller e Kleist, distintos. Entretanto, a "recompensa" final possui a mesma significação, uma vez que os dois buscam por uma unidade perdida. Além disso, a graça, enquanto participante dos movimentos involuntários do homem, encontra, nos dois autores, a característica de uma inconsciência que reflete a beleza da alma do homem e o poder de sedução e encantamento que emanam dessa alma. A arte, nesse espaço, é a única detentora do poder de recuperar no homem essa graça; no entanto, enquanto em Schiller essa arte servirá a um propósito educativo, em Kleist ela é o palco para expressão de sentimentos autênticos, que deverão ser cultivados para que a apreensão da realidade seja feita não mais pelo obscurecimento de uma consciência provida de enganos, mas pela consciência infinita, que é capaz de apreender a essência dos sentimentos humanos.

A forma de arte desenvolvida pelos dois autores abarcará, portanto, essas diferenças. Baseando-nos nas peças *Die Jungfrau von Orleans* e *Penthesilea* percebemos que, em Schiller e Kleist, a construção dessas duas heroínas atende aos propósitos descritos acima e, portanto, condiz à nossa proposição inicial de procurar exemplificar a teoria estética dos dois autores por meio da composição de suas peças teatrais.

Assim, podemos inferir que a dignidade de Johanna é expressa a partir de uma ação que é condizente à lei moral, e não a uma inclinação. Sua vontade é baseada no dever, que impulsiona a dominação da força moral sobre qualquer resquício de impulso natural que intente tomar para si a legislação da vontade do homem. Essa característica da heroína nos mostra que a liberdade, em Schiller, tem sempre de triunfar, uma vez que, em seu projeto de educação estética, há de se dar exemplos de superação da força moral sobre qualquer violência e corrupção que o impulso sensível intente provocar na vontade. Em Penthesilea, essa dignidade já não existe, pois a vontade da heroína é incapacitada de ir na direção contrária à força do instinto, cedendo a ele e satisfazendo a sua vontade. A liberdade do homem nesse mundo de aparências criado por Kleist é castrada, uma vez que ele não consegue compatibilizar a aparência que a razão apreende dessa realidade com o seu sentimento. Desiludido com a razão, o homem confia em seus instintos para responder a esse malogro da razão, o que dá espaço para ações atrozes como a de Penthesilea, que confia a direção de sua vontade ao instinto. Essa entrega ao animal é uma resposta à realidade, que somente será possível ao homem com a morte. Unicamente a morte de Penthesilea ao fim da tragédia irá reestabelecer a ordem e possibilitará a sua tão desejada união com Aquiles, pois nesse mundo o amor é barrado por questões sociais, pelo "contrato social" estabelecido.

O sentimento sublime despertado nessas duas obras não poderia se dar de maneira diferente. Enquanto sentimos o sublime na grandiosidade das ações de Johanna, na força de seu caráter moral, em Penthesilea esse sentimento baseia-se no terrível de suas ações, dando-nos a desmedida por meio de uma ação que foge aos padrões de uma vontade moral, que sobreleva o instinto selvagem de autopreservação. Os parâmetros clássicos definidos por Schiller são aqui completamente desprezados à medida que Penthesilea se deixa dominar pelo estado de inconsciência e incorpora a animalidade. Na heroína de Schiller, a entrega inicial à *Gnade* religiosa faz com que Johanna consiga sobrepor a esse estado de inconsciência a força de sua vontade, adquirindo, assim, a *Anmut* schilleriana, e expondo em suas ações a bela alma que lhe possibilita a grandiosidade. Aqui, o sentimento é sublime pela desmedida da conduta da heroína diante de uma ameaça à sua própria vida.

Nesse patamar, é possível afirmar que a beleza das ações de Johanna e o grotesco da ação terrível de Penthesilea despertam o sentimento sublime, que irá servir a propósitos diferentes, mas que, de certa maneira, unem as teorias de Schiller e Kleist na medida em que tem como ponto de confluência a abertura para uma graça e um sentimento sublime que buscam, no fim, a partir de meios diferentes, o alcance da plenitude do homem e sua conciliação com o mundo para um retorno ao paraíso, a um estado de inocência que abarque a consciência total.

REFERÊNCIAS

ALLAN, S. *The stories of Heinrich von Kleist*: fictions of security. New York: Camden House, 2001.

ALT, P.-A. Poetische Logik Verwickelter Verhältnisse: Kleist und die Register des Bösen. *Kleist-Jahrbuch 2008/2009*. Stuttgart, Weimar: J. B. Metzler, 2009, p. 63-81.

ARISTÓTELES, HORÁCIO E LONGINO. *A poética clássica*. Tradução de Jaime Bruna. São Paulo: Cultrix, 2005.

BARBOSA, J. A. Introdução. In: GUINSBURG, J. (Org.). *O classicismo*. São Paulo: Perspectiva, 1999, p. 11-18.

BARBOSA, R. Kallias ou sobre a beleza: a correspondência entre Schiller e Körner em janeiro e fevereiro de 1793. In: SCHILLER, F. *Kallias ou sobre a beleza*. Tradução e introdução de Ricardo Barbosa. Rio de Janeiro: Jorge Zahar Ed., 2002, p. 9-38.

_____. *Schiller e a cultura estética*. Rio de Janeiro: Jorge Zahar Editor, 2004. (Filosofia Passo a Passo, 42).

BENTLEY, E. *O dramaturgo como pensador*. Tradução de Ana Zelma Campos. Rio de Janeiro: Civilização Brasileira, 1991.

BOESCH, B. (Org.). *História da literatura alemã*. São Paulo: Herder; Edusp, 1967.

BORNHEIM, G. *O sentido e a máscara*. 2. ed. São Paulo: Perspectiva, 2007. (Debates, 8).

_____. Filosofia do Romantismo. In: GUINSBURG, J. (Ed.). *O romantismo*. 4. ed. São Paulo: Perspectiva, 2005. (Stylus, 3). p. 75-111.

BRION, M. *La Alemania romântica*: Heinrich von Kleist; Ludwig Tieck. Traducción de Fernando Santos Fontela. Barcelona: Barral, 1971.

BRITO, E. M. de. Franz Kafka, leitor de Heinrich von Kleist. *Pandaemonium Germanicum*, São Paulo, v. 11, p. 37-44, 2007.

BURKE, E. *Uma investigação filosófica sobre a origem de nossas ideias do sublime e do belo.* Tradução de Enid Abreu Dobianszky. São Paulo: UNICAMP, Papiros, 1993.

CARLSON, M. *Teorias do teatro:* estudo histórico-crítico dos gregos à atualidade. Tradução de Gilson César Cardoso de Souza. São Paulo: Fundação Editora UNESP, 1997. (Prismas).

CASSIRER, E. *Heinrich von Kleist und die Kantische Philosophie.* Berlin: Reuther & Reichard, 1919.

_____. *Linguagem e mito.* Tradução de J. Guinsburg, Miriam Schnaiderman. São Paulo: Perspectiva, 2009 (Debates).

CASTRO, R. C. de P. *Alencar e Kleist. Til e Toni:* crise(s) da identidade na servidão e na escravidão modernas. Tese de Doutoramento em Letras. Universidade de São Paulo, 2012.

CHAUÍ, M. de S. Vida e obra. In: KANT, I. *Crítica da razão pura.* Tradução de Valerio Rohden e Udo Baldur Moosburger. São Paulo: Nova Cultura, 1999, p. 5-21.

ELIADE, M. *Mito y realidad.* Traducción de Luis Gil. Barcelona: Editorial Labor, 1991.

ESMIRNA, Q. de. *Posthoméricas.* Edición de Francisco A. García Romero. Madrid: Akal, 1997.

FALBEL, N. Os fundamentos históricos do romantismo. In: GUINSBURG, J. (Ed.). *O romantismo.* 4. ed. São Paulo: Perspectiva, 2005, p. 23-50 (Stylus, 3).

FELÍCIO, V. L. A razão clássica. In: GUINSBURG, J. (Ed.). *O classicismo.* São Paulo: Perspectiva, 1999, p. 19-51 (Stylus, 9).

FIKER, R. *Mito e paródia:* sua estrutura e função no texto literário. Dissertação de Mestrado. Instituto de Estudos da Linguagem - UNICAMP. Campinas, 1983.

FISCHER, C. J. *Schiller e Kleist*, a propósito de graça. Tese de Doutoramento em Teoria da Literatura. Universidade de Lisboa, 2007.

FÖLDÉNYI, L. Grazie. In: KNITTEL, A. P. (Ed.). *Henrich von Kleist.* Stuttgart: Wiessenchaftliche Buchgesellschaft, 2003, p. 147-153 (Coleção Neue Wege der Forschung).

GASSNER, J. *Mestres do teatro I.* São Paulo: Perspectiva, 1974.

GATTI, I. F. *A Crestomatia de Proclo*: tradução integral, notas e estudo da composição do códice 239 da *Biblioteca* de Fócio. Dissertação de Mestrado. USP. São Paulo, 2012.

GLENNY, R. E. *The manipulation of reality in works by Heinrich von Kleist*. New York; Bern; Frankfurt am Main; Paris: Lang, 1987.

GOETHE, J. W.; SCHILLER, F. *Correspondência*. Tradução de Claudia Cavalcanti. São Paulo: Hedra, 2010.

GRAHAM, I. *Schiller, ein Meister der tragischen Form: Die Theorie in der Praxis*. Tradução de Klaus Börner. Darmstadt: Wissenschaftliche Buchgesellschaft, 1974.

GRIMAL, P. *Dicionário da mitologia grega e romana*. Tradução de Victor Jaboiulle. 2.ed. Rio de Janeiro: Bertrand Brasil, 1993.

GUINSBURG, J. (Ed.). *O classicismo*. São Paulo: Perspectiva, 1999 (Stylus, 9).

_____. *O romantismo*. 4. ed. São Paulo: Perspectiva, 2005 (Stylus, 3).

GUINSBURG, J.; ROSENFELD, A. Romantismo e Classicismo. In: GUINSBURG, J. (Ed.) *O romantismo*. 4. ed. São Paulo: Perspectiva, 2005, p. 261-274 (Stylus, 3).

_____. Um encerramento. In: GUINSBURG, J. (Ed.) *O romantismo*. 4. ed. São Paulo: Perspectiva, 2005, p. 275-294 (Stylus, 3).

_____. Um conceito de classicismo. In: GUINSBURG, J. (Ed.) *O classicismo*. 4. ed. São Paulo: Perspectiva, 2005, p. 373-375 (Stylus, 9).

GUMBRECHT, H. U. Especial Kleist. *FLOEMA* - Caderno de Teoria e História Literária. Ano IV, n. 4A, out. 2008. Vitória da Conquista: Edições Uesb, 2008.

HANSEN, B. Poetik der Irritation: „Penthesilea" – Forschung 1977-2002. In: KNITTEL, A. P. (Ed.). *Henrich von Kleist*. Stuttgart: Wiessenchaftliche Buchgesellschaft, 2003. (Coleção Neue Wege der Forschung) p. 225-253.

HEISE, E. A atualidade de Heinrich von Kleist. *Projekt*. v. 11, p. 32-33, nov. 1993.

HEISE, E.; RÖHL, R. *História da literatura alemã*. São Paulo: Ática, 1986.

HOHOFF, C. *Heinrich von Kleist in Selbstzeugnissen und Bilddokumenten*. Dargestellt von Curt Hohoff. Dokumentarischer Anhang von Paul Raabe bearbeitet. Hamburg: Rowohlt, 1958.

_____. *Heinrich von Kleist*: 1777/1977. Tradução de Felipe Bosso. Bonn Bad Godesberg: Inter Nationes, 1977.

HOMERO. *Ilíada*. Tradução de Carlos Alberto Nunes. São Paulo: Ediouro, 2009.

HORSTMEYER, E. Werner Dürrson: Kleist para veteranos ou... O paraíso definitivamente perdido. *Revista Letras*. Curitiba (UFPR), v. 43, p. 87-97, 1994.

HUGO, V. *Do grotesco e do sublime*. Tradução do prefácio de Cromwell. Tradução e notas de Célia Berrettini. São Paulo: Perspectiva, 2007.

JESI, F. *Literatura y mito*. Traducción de Antonio Pigrau Rodríguez. Barcelona: Barral Editores, 1972.

KAYSER, W. *O grotesco*: configuração na pintura e na literatura. Tradução de Jacob Guinsburg. São Paulo: Perspectiva, 1986.

KANGUSSU, I. et al. (Org.). *O cômico e o trágico*. Rio de Janeiro: 7 Letras, 2008.

KANT, I. *A religião nos limites da simples razão*. Tradução de Artur Morão. Coimbra: Edições 70, 1992.

_____. *Textos selecionados*. Seleção de textos de Marilena de Souza Chauí e traduções de Tania Maria Bernkopf, Paulo Quintela e Rubens Rodrigues Torres Filho. São Paulo: Abril Cultural, 1984.

_____. *Crítica da razão pura*. Tradução de Valerio Rohden e Udo Baldur Moosburger. São Paulo: Nova Cultura, 1999.

_____. *Observaciones acerca del sentimiento de lo bello y de lo sublime*. Introducción, traducción y notas de Luis Jiménez Moreno. Madrid: Alianza Editorial, 2010.

KESTLER, I. F. O período da arte (Kunstperiode): Convergências entre Classicismo e a primeira fase do Romantismo alemão. *Forum Deutsch*. Rio de Janeiro (UFRJ), v. 4, p. 73-86, 2000.

KLEIST, H. von. *Sämtliche Werke*. Herausgegeben von Paul Staf. Berlin; Darmstadt; Wien: Buch-Gemeinschaft, 1960.

_____. *Werke in einem Band.* Herausgegeben von Helmut Sembdner. München: Carl Hanser Verlag, 1990.

_____. *Sobre o teatro de marionetas.* Tradução de José Filipe Pereira. Estarreja: Acto - Instituto de Arte Dramática, 1998.

_____. *Pentesileia.* Tradução e Posfácio de Rafael Gomes Filipe. Porto: Porto Editora, 2003.

_____. *Der Zweikampf, Die heilige Cäcilie, Sämtliche Anekdoten, Über das Marionettentheater und andere Prosa.* Stuttgart: Reclam, 2012.

KNITTEL, A. P. (Ed.). *Henrich von Kleist.* Stuttgart: Wiessenchaftliche Buchgesellschaft, 2003 (Coleção Neue Wege der Forschung).

_____. *Penthesilea.* Stuttgart: Reclam, 2012.

KOHLSCHMIDT, W. O classicismo. Tradução de Marion Fleischer. In: BOESCH, B. (Org.) *História da Literatura Alemã.* São Paulo: Editora Herder, 1967, p. 263-324.

_____. O romantismo. Tradução de Ingeborg Oberding. In: BOESCH, B. (Org.) *História da Literatura Alemã.* São Paulo: Editora Herder, 1967, p. 325-369.

_____. Sturm und Drang. Tradução de Dorothea Gropp. In: BOESCH, B. (Org.) *História da Literatura Alemã.* São Paulo: Editora Herder, 1967, p. 221-262.

KORFMANN, M. Kant: autonomia ou estética compromissada? *Pandaemonium Germanicum*, São Paulo, v. 08, p. 23-38, 2004.

LEMKE, A. Gemüts-Bewegungen. Affektzeichen in Kleists Aufsatz Über das Marionettentheater. *Kleist-Jahrbuch 2008/2009.* Stuttgart, Weimar: J. B. Metzler, 2009, p. 183-201.

LIMA, L. C. A "beleza livre" e a arte não-figurativa. *Pandaemonium Germanicum*, São Paulo, v. 08, p. 75-119, 2004.

LUKÁCS, G. A tragédia de Heinrich von Kleist. Tradução de Manoela Hoffman Oliveira. *Idéias*, Campinas, n. 5, p. 234-270, 2012.

LYOTARD. J. F. *Lições sobre a analítica do sublime.* Tradução de Constança Marcondes Cesar e Lucy R. Moreira Cesar. Campinas: Papirus, 1993.

MAN, P. de. Aesthetic Formalization: Kleist's über das Marionettentheater. In: _____. *The rhetoric of Romanticism*. New York: Columbia University Press, 1984, p. 263-290.

MANN, T. Kleist and his stories. In: KLEIST, H. von. *The Marquise of O and other stories*. Translated and with an Introduction by Martin Greenberg. Preface by Thommas Mann. New York: Frederick Ungar, 1976, p. 5-23.

NUNES, B. A visão romântica. In: GUINSBURG, J. (Ed.). *O romantismo*. 4. ed. São Paulo: Perspectiva, 2005, p. 51-74 (Stylus, 3).

ORLANDI, E. (Dir.). *Goethe*. Tradução de Yvette Kace Centeno e G. Martins de Oliveira. Lisboa: Editorial Verbo, 1972. (Gigantes da Literatura Universal, 16).

_____. *Schiller*. Tradução de Norberto Ávila e António Salvado. Lisboa: Editorial Verbo, 1972. (Gigantes da Literatura Universal, 17).

PALLOTTINI, R. *Dramaturgia*: construção do personagem. São Paulo: Ática, 1989.

PAVIANI, J. Traços filosóficos e literários nos textos. In: ROHDEN, L.; PIRES, C. (org.) *Filosofia e Literatura*. Uma relação transacional. Ijuí: Unijuí, 2009.

RILKE, R. M. *Poemas:* As elegias de Duíno e sonetos a Orfeu. Prefácios, seleção e tradução de Paulo Quintela. Porto: O oiro do dia, 1983.

_____. *Duineser Elegien*. Frankfurt am Main: Insel-Verlag, 1962.

ROCHA, M.F.C. da. Memória, passagens e permanência da tragédia na literatura alemã. *Pandaemonium Germanicum*, São Paulo, v. 16, p. 138-154, 2010.

ROSENFELD, A. Introdução - Da Ilustração ao romantismo. In: HAMANN, J. G. et al. *Autores pré-românticos alemães*. Tradução de João Marschner, Flávio Meurer e Lily Strehler. Introdução e notas de Anatol Rosenfeld. São Paulo: Editora Herder, 1965, p. 7-24.

_____. *Teatro alemão*: 1ª parte. Esboço histórico. São Paulo: Brasiliense, 1968.

_____. Introdução. In: *Teoria da tragédia*. Tradução de Anatol Rosenfeld. São Paulo: E. P. U., 1992, p. 7-12 (Biblioteca Pólen).
_____. *História da literatura e do teatro alemães*. São Paulo: Perspectiva / Edusp; Campinas: Edunicamp, 1993 (Debates 255).
_____. *Texto/contexto II*. São Paulo: Perspectiva / Edusp; Campinas: Edunicamp, 1993 (Debates, 257).
_____. *Texto/Contexto I*. São Paulo: Perspectiva, 1996.
_____. *Prismas do teatro*. São Paulo: Perspectiva, 2000.
_____. *Teatro moderno*. 2. ed. São Paulo: Perspectiva, 2008 (Debates, 153).
ROSENFIELD, K. H. Kleist e a crise da representação: a propósito do ensaio Sentimentos diante da paisagem marítima de Casper David Friedrich. *Nonada Letras em Revista*. Porto Alegre, v.16, p. 141-150, 2011.
RYNGAERT, J.-P. *Introdução à análise do teatro*. Tradução de Paulo Neves. São Paulo: Martins Fontes, 1995.
SAFRANSKI, R. *Schiller*: o la invención del idealismo alemán. Traducción de Raúl Gabás. Barcelona: Tusquets Editores, 2006.
_____. *Romantismo*: uma questão alemã. Tradução de Rita Rios. São Paulo: Estação Liberdade, 2010.
SCHILLER, F. *Ausgewählte Werke*. Fünfter Band. Stuttgart: J. G. Cottasche Buchhandlung Nachfolger, 1950.
_____. *Briefe*. München: Carl Hanser Verlag, 1955.
_____. *A educação estética do homem*: numa série de cartas. Tradução de Roberto Schwarz e Márcio Suzuki. São Paulo: Iluminuras, 1990.
_____. *Teoria da tragédia*. Tradução de Anatol Rosenfeld. São Paulo: E. P. U., 1992. (Biblioteca Pólen)
_____. *Kallias ou sobre a beleza*: a correspondência entre Schiller e Körner, janeiro-fevereiro de 1793. Tradução e introdução de Ricardo Barbosa. Rio de Janeiro: Jorge Zahar Ed., 2002.
_____. *Sobre poesia ingénua e sentimental*. Tradução, introdução, comentário e glossário de Teresa Rodrigues Cadete. Lisboa: Imprensa Nacional-Casa da Moeda, 2003.

_____. *Fragmentos das preleções sobre estética do semestre de inverno de 1792-93*. Recolhidos por Christian Friedrich Michaelis. Tradução e introdução de Ricardo Barbosa. Belo Horizonte: Editora UFMG, 2004.

_____. *Sobre graça e dignidade*. Tradução de Ana Resende. Porto Alegre: Movimento, 2008.

_____. *Die Jungfrau von Orleans*: eine romantische Tragödie. Stuttgart: Reclam, 2011.

SCHLEGEL, F. *Conversa sobre a poesia e fragmentos*. Tradução, prefácio e notas de Victor-Pierre Stirnimann. São Paulo: Iluminuras, 1994.

SOUSA, C. H. M. R. Schiller e a educação estética da humanidade. Fundadores da modernidade na literatura alemã. *Anais da VII Semana de Literatura Alemã*. São Paulo: FFLCH-USP, 1994, p. 15-25.

SÖFFNER, J. Penthesileas Zorn. *Kleist-Jahrbuch 2008/2009*. Stuttgart, Weimar: J. B. Metzler, 2009, p. 166-182.

SZONDI, P. *Teoria do drama moderno*: 1880-1950. Tradução de Luiz Sérgio Repa. São Paulo: Cosac & Naify, 2001.

_____. *Ensaio sobre o trágico*. Tradução de Pedro Süssekind. Rio de Janeiro: Jorge Zahar Editor, 2004 (Coleção estéticas).

THEODOR, E. *Perfis e sombras*. Estudos de literatura alemã. São Paulo: EPU, 1990.

_____. *Introdução à literatura alemã*. Rio de Janeiro: Ao livro técnico, 1968.

TIECK, L. *Der gestiefelte Kater*: Kindermärchen in drei Akten mit Zwischenspielen, einem Prologe und Epiloge. Stuttgart: Reclam, 1974.

VERNANT, J.-P. *Mito e Sociedade na Grécia antiga*. Tradução de Myriam Campello. Rio de janeiro: José Olympio, 1999.

VIZINCZEY, S. O gênio cujo tempo chegou. Tradução de Marcos Bagno. In:___*Verdades e mentiras na literatura*: os dez mandamentos do escritor: ensaios e críticas. Campinas: Autores Associados, 2011, p. 207-246.

VOLOBUEF, K. Rousseau e Kleist. In: MARQUES, J. O. de A. (Org.) *Verdades e mentiras*: 30 ensaios em torno de Jean-Jacques Rousseau. Ijuí: Editora UNIJUÍ, 2005, p. 471-476.

WIESE, B. von. Heinrich von Kleist. In: _____. (Ed.). *Deutsche Dichter der Romantik*: Ihr Leben und Werk. Berlin: Erich Schmidt Verlag, 1971, p. 225-252.

ZIEGLER, K. Stiltypen des deutschen Dramas im 19. Jahrhundert. In: ALEWYN, R. et al. *Formkräfte der deutschen Dichtung vom Barock bis zur Gegenwart*. Göttingen: Vandenhoeck & Ruprecht, 1963, p. 141-164.

ZWEIG, S. *Obras completas de Stefan Zweig*: Tomo II. Os construtores do mundo: Balzac, Dickens, Dostoievski, Hölderlin, Kleist, Nietzsche. Rio de Janeiro: Delta, 1953.

1ª EDIÇÃO [2018]

Esta obra foi composta em Minion Pro e Din sobre papel
Pólen Soft 80 g/m² para a Relicário Edições.